L'ÉCOLE
DES
BEAUX-ARTS

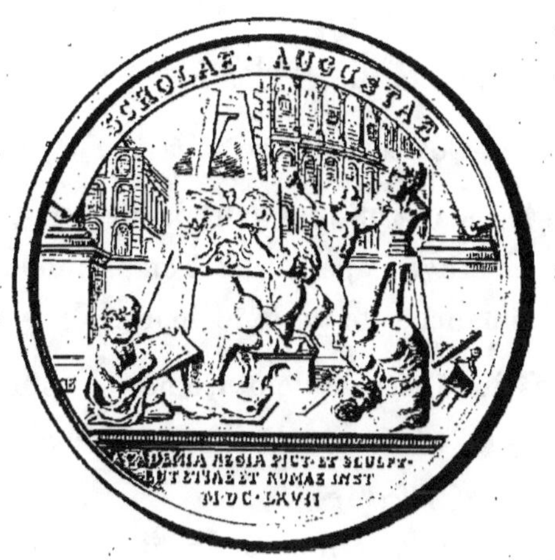

APERÇU HISTORIQUE
ET GUIDE A TRAVERS
LES COLLECTIONS
PAR GABRIEL ROUCHÈS

ÉDITIONS ALBERT MORANCÉ

RENSEIGNEMENTS GÉNÉRAUX

SUR

L'ÉCOLE DES BEAUX-ARTS

ENTRÉE : 55, RUE BONAPARTE

MUSÉE ET BIBLIOTHÈQUE

= L'accès des Cours est libre tous les jours.

= Le Musée des Antiques (en partie) et la Chapelle (Moulages du Moyen âge et des Temps modernes) sont ouverts le dimanche de 14 à 16 heures.

= Les salles du Musée de Peinture ne sont plus ouvertes, depuis quelques années, qu'à l'occasion des expositions qui suivent les concours.

= Il est toujours possible de visiter l'École sous la conduite d'un gardien : S'adresser au concierge, rue Bonaparte.

= La Bibliothèque est ouverte tous les jours entre 13 et 17 heures du 1er octobre au 1er mai, et entre 13 et 18 heures du 1er mai au 31 juillet. Elle est fermée du 1er août au 1er octobre.

L'ÉCOLE
DES BEAUX-ARTS

OUVRAGE ÉTABLI
PAR LES SOINS DES
ÉDITIONS ALBERT
MORANCÉ, A PARIS
30-32, RUE DE FLEURUS

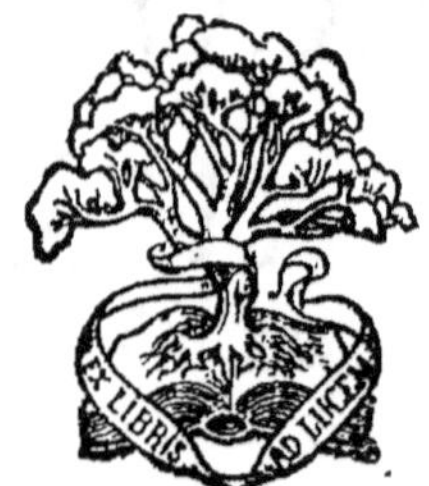

1780

LIBRAIRIE CENTRALE
D'ART ET D'ARCHITECTURE
ANCIENNE MAISON MOREL
FONDÉE EN 1780

L'ÉCOLE
DES
BEAUX-ARTS

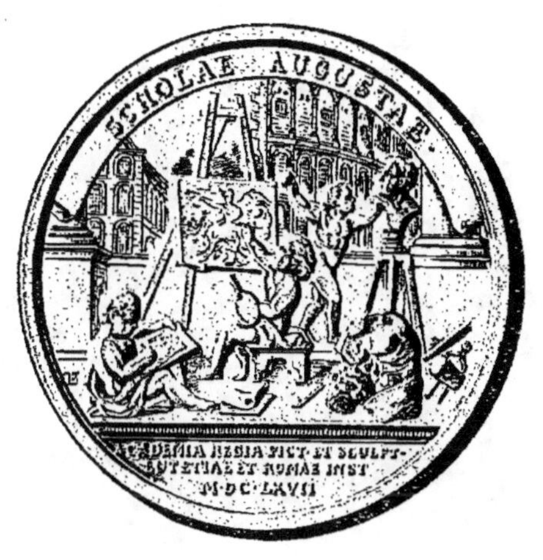

APERÇU HISTORIQUE
ET GUIDE A TRAVERS
LES COLLECTIONS
PAR GABRIEL ROUCHÈS

ÉDITIONS ALBERT MORANCÉ

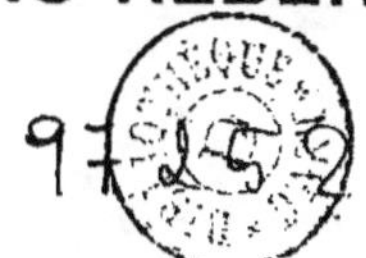

AVANT-PROPOS

N écrivant cet ouvrage, nous avons pensé d'abord et naturellement aux élèves de l'Ecole, puis aux étudiants d'histoire de l'art, enfin à un public, toujours plus nombreux, qui ne demande qu'à apprendre.

Les collections étudiées ici forment un incomparable musée d'instruction. Les moulages complètent les séries, soit du Louvre ou de la Sorbonne pour l'Antique, soit du Trocadéro pour le Moyen Age, la Renaissance et les Temps modernes. Les copies de peintures figurant dans des palais ou des musées étrangers forment un ensemble unique qu'il serait désirable de voir plus libéralement ouvert. Parmi les œuvres originales, nous trouvons d'inappréciables fragments d'architecture et de sculpture du XVIᵉ siècle. Les morceaux de réception et de concours constituent des documents essentiels pour l'histoire de *l'art et de l'enseignement artistique en France depuis le XVIIe siècle.*

Eugène Müntz, qui nous précéda comme bibliothécaire de l'Ecole et comme historien de l'art italien, a écrit, il y a environ trente ans, un Guide de l'Ecole qui demeure le livre essentiel sur ce sujet. Mais ce volume, d'un format peu commode, est aussi malaisé à consulter en raison de l'abondance des matières traitées par l'éminent érudit. Il n'est plus à jour et le tirage en est d'ailleurs épuisé.

Aussi avons-nous cru utile de rappeler l'attention du public sur des collections trop ignorées, peut-être davantage des Parisiens que des étrangers.

G. R.

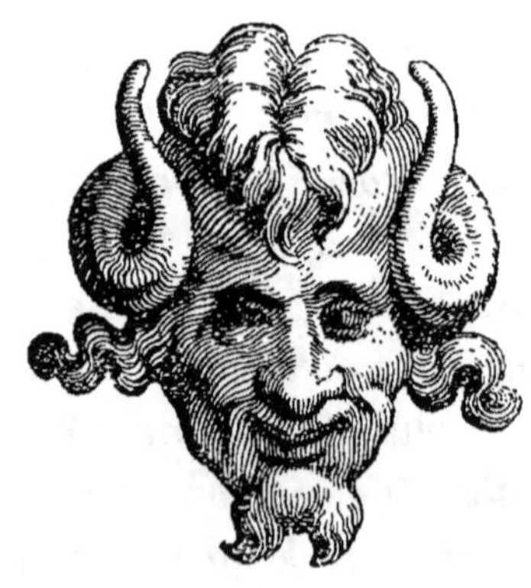

HISTORIQUE

'ÉCOLE des Beaux-Arts, entre les divers établissements d'instruction parisiens, doit son caractère et son charme à ce qu'elle se compose de bâtiments de diverses époques, que le temps et le hasard ont fait se compléter et s'harmoniser agréablement.

Après avoir franchi la grille de la rue Bonaparte, gardée par les bustes de Poussin et de Puget, un premier tour d'orientation dans les deux cours nous permettra de comprendre l'historique de ces bâtiments. A droite, derrière le fragment de façade du château d'Anet, se trouve l'ancienne église de Saint-Nicolas de Tolentino, chapelle du couvent des Petits-Augustins. Ce couvent réalisait un vœu de Marguerite de Valois, la première femme de Henri IV, la reine Margot, si l'on préfère. Après bien des aventures, revenue à Paris et divorcée, elle avait fait construire un hôtel et aménager des jardins sur la plus grande partie du petit Pré-aux-Clercs qui s'étendait entre la rue Mazarine et la rue des Saint-Pères actuelles.

Dans une maison attenant à son hôtel, elle installa des moines Augustins, en leur promettant de faire bâtir un couvent. Mais le désordre de ses finances lui permit seulement de poser, en 1608, la première pierre de ce couvent et d'édifier une petite chapelle octogonale à coupole, que nous verrons en visitant le musée du moyen âge. Le monastère n'aurait pas été construit sans la piété d'Anne d'Autriche, qui en fit entreprendre les travaux menés activement en deux ans, de 1617 à 1619. La grande chapelle fut élevée, et, immédiatement après, on édifia le cloître et les bâtiments. Ce couvent n'a pas d'histoire. Confisqué à la Révolution, il abrita le Musée des Monuments français, dû à l'initiative d'un homme dont le nom mérite d'être retenu : Alexandre Lenoir, avec un goût dont la largeur étonne pour son époque, sauva de la destruction les plus beaux chefs-d'œuvre de l'art français qui se trouvaient dans les églises, dans les hôtels, dans les châteaux, et, au premier rang, les tombeaux de Saint-Denis. Il distribua par époques ces monuments dans les salles qui entouraient le grand cloître (la cour du Mûrier actuelle, voy. p. 34), dans les galeries du même cloître et dans le jardin sur l'emplacement de la seconde cour et du Palais actuels.

Il s'efforça de donner à ces merveilles un décor poétique et émouvant. Le jardin offrait un aspect déjà romantique, sentimental et plein de mélancolie; un saule pleureur abritait le tombeau d'Héloïse et d'Abélard. La Restauration dispersa ce musée unique. Une partie des objets fut rendue, d'autres restèrent sur place, d'autres furent détruits. Cependant la Révolution avait créé l'Ecole des Beaux-Arts, substituée à l'ancienne Académie royale de peinture et de sculpture et à celle d'architecture. En même temps que le gouvernement royal mettait fin au Musée des Monuments français, il en attribuait les bâtiments à l'Ecole des Beaux-Arts, alors hospitalisée par l'Institut qui la logeait à l'étroit. On décida de conserver les bâtiments du couvent et d'élever des constructions nouvelles sur l'emplacement du jardin. Dès 1820, l'architecte Debret éleva le bâtiment des Loges que l'on aperçoit à gauche de l'arrière-cour; après quoi il commença la construction du Palais. Déjà débarrassé de l'anticomanie qui, pourtant, sévissait encore, homme d'un goût délicat, c'est à l'architecture de la première Renaissance qu'il demanda son inspiration; son projet de façade traduisit Bramante. Debret ne construisit que l'aile gauche du Palais qui devait comprendre quatre bâtiments en carré. En 1832, son beau-frère Duban le suppléa, et, avec quelques modifications, exécuta son projet. Il aménagea les cours et termina l'ensemble en 1839. Plus tard, sous le second Empire, il construisit le bâtiment donnant sur le quai Malaquais (n°ˢ 11 et 13) et destiné à des expositions. En somme, c'est Duban qui a imprimé son cachet définitif à la plus grande partie de l'Ecole.

Une fois dans l'arrière-cour, nous voyons à gauche dans une sorte d'impasse, le bâtiment des Loges, et, devant nous, la façade du Palais; à droite, nous apercevons au delà d'un très beau jardin, la façade d'un hôtel du xviiiᵉ siècle, l'hôtel de Chimay qui, acheté en 1884, vint compléter tardivement cet ensemble de bâtiments. En résumé, cet ensemble représente trois siècles d'architecture française : la chapelle le xviiᵉ siècle, l'hôtel de Chimay le xviiiᵉ, les constructions de Debret et Duban le xixᵉ.

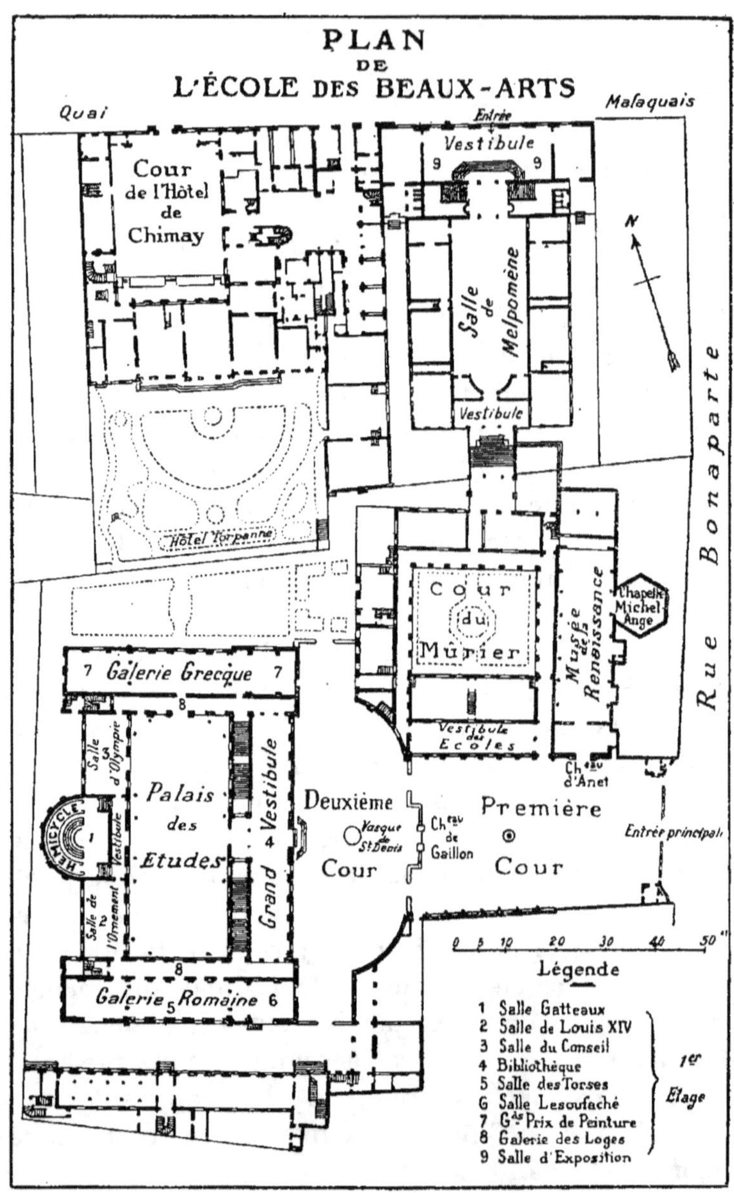

PLAN
DE
L'ÉCOLE DES BEAUX-ARTS
Quai
Malaquais
Entrée
Vestibule
9
9
Cour
de l'Hôtel
de
Chimay
Salle de Melpomène
N
Vestibule
Hôtel Torpanne
Cour du Mûrier
Musée de la Renaissance
Chapelle Michel Ange
Rue Bonaparte
7 Galerie Grecque 7
8
Vestibule des Ecoles
Ch. d'Anet
Salle d'Olympie
Salle du Conseil
Hémicycle
Vestibule
Palais
des
Etudes
Grand Vestibule
4
Deuxième
Cour
Vasque de St Denis
Ch.au de Gaillon
Première
Cour
Entrée principale
Salle de l'Ornement
8
Galerie Romaine
5
6
0 5 10 20 30 40 50 m
Légende
1 Salle Gatteaux
2 Salle de Louis XIV
3 Salle du Conseil
4 Bibliothèque
5 Salle des Torses
6 Salle Lesoufaché
7 G.de Prix de Peinture
8 Galerie des Loges
9 Salle d'Exposition
1er Etage

VISITE

DES COLLECTIONS

On peut, d'après leur emplacement, répartir les collections de l'Ecole des Beaux-Arts en trois groupes:

1° Le groupe des cours et du jardin (Fragments d'architecture française du xvıᵉ siècle; Motifs décoratifs; Sculptures du moyen âge et du xvıᵉ siècle).

2° Le groupe de la Chapelle (Moulages de sculptures du moyen âge et de l'époque moderne; Copies de peintures des écoles italiennes) et de la salle Melpomène avec les salles annexes (Copies de peintures anciennes des écoles étrangères, particulièrement de l'Italie; Prix de Rome de sculpture et de gravure en médaille).

3° Le groupe du palais. Au rez-de-chaussée : Architecture (Originaux et Moulages) et sculptures antiques (Moulages); la salle de l'Hémicycle décorée par Paul Delaroche. Au premier étage : Copie des Loges de Raphaël et relevés de peintures italiennes; Originaux de peintures françaises des xvııᵉ, xvıııᵉ et xıxᵉ siècles : Morceaux de réception de l'ancienne académie de peinture; Portraits dans la salle des professeurs; Prix de Rome; Morceaux de concours du Torse et de la Tête d'expression peinte; en outre, des sculptures (Bustes d'académiciens ou de professeurs) et des médailles.

I. — LES COURS ET LE JARDIN

Les vestiges de monuments d'architecture, disposés dans les deux cours et dans le jardin, en même temps qu'ils forment un tableau pittoresque, constituent de précieux documents pour l'étude de la construction française au XVIe siècle.

Dès notre entrée dans la première cour, nous voyons, plaqués sur une partie du mur de droite, entre l'entrée et le portail d'Anet, et contre le mur de gauche, à l'intérieur des fausses arcades, les fragments de l'hôtel de la Trémouille, construit, rue des Bourdonnais, au commencement du XVIe siècle. Il nous donne la dernière fleur de l'art gothique; cet art a perdu sa robustesse et son caractère logique; il est devenu purement ornemental, mais il a gardé une finesse et une souplesse qu'on retrouvera seulement dans la décoration du XVIIIe siècle. A la porte de cet hôtel (partie centrale du mur de gauche) apparaît timidement la Renaissance avec des éléments d'origine italienne, tels que des médaillons naïvement sculptés. Les parties du château de Gaillon (entre la première et la seconde cour, et tout autour de la seconde cour) affirment plus nettement l'alliance des deux styles. A l'hôtel de la Trémouille, le Gothique domine encore; au château, postérieur d'une dizaine d'années, la Renaissance l'emporte. Gaillon, il est vrai, fut construit pour le ministre de Louis XII, le cardinal d'Amboise, qui avait accompagné son maître en Italie d'où il était revenu enthousiasmé. Il fit édifier sur la colline de Gaillon, qui domine un des plus beaux paysages de Normandie, non loin de la Seine, un palais conçu pour une existence raffinée et agréable.

A la Révolution, la destruction de cette demeure princière fut commencée, puis heureusement arrêtée. De la partie démolie, Lenoir fit transporter au Musée des Monuments français le portail et deux galeries. Les sculpteurs de Gaillon ont imité les éléments décoratifs (colonnes, pilastres avec des chapiteaux antiques ou parcourus de guirlandes, médaillons) qui caractérisent particulièrement la première Renaissance florentine. Le portail à jour, faussement appelé arc de Gaillon, qui sépare ici les deux cours, était la façade d'un bâtiment reliant les deux constructions; à la place de l'inscription d'ailleurs erronée, se trouvait le bas-relief de Michel Colombe, *Saint Georges combattant le Dragon,* maintenant au Louvre. Les formes d'art opposées s'y rencontrent. Alors que le Gothique inspire l'encadrement des fenêtres latérales, des colonnes ou des pilastres inspirés de l'antiquité forment le décor des arcades centrales. De même, les arcades en plein cintre, qui séparent l'arrière cour du jardin, sont séparées par des pieds-droits gothiques. Au contraire, celles qui limitent cette seconde cour, du côté des Loges, se réclament entièrement de la Renaissance italienne.

L'idée d'orner les murs en hémicycle de l'arrière-cour avec des fragments de décoration, provenant en majeure partie de Gaillon, appartient à Duban. On admire cet ensemble des plus pittoresques et gracieux, mais on regrette la lente destruction d'incomparables morceaux.

Notre art du XVIe siècle n'a produit rien de plus exquis que certaines reliques ·de Gaillon, où les sculpteurs se sont approchés de très près de leurs modèles florentins ou lombards. On goûtera particulièrement, parmi de très fines arabesques ou des rinceaux ·délicats, les médaillons d'empereurs romains, César ou Titus, de fines statues de la Vierge à genoux ou de l'ange Gabriel. D'autres fragments sont étrangers à Gaillon. On remarquera, plaquées contre le mur le plus près du bâtiment des Loges, les trois belles ·dalles funéraires : de Jean Disse (XIVe siècle), de Jacques Longuejoé (XVe siècle) et de Michel de Troye (XVIe siècle). Il y a à signaler tout particulièrement de curieux petits bas-reliefs qui ornent un pilastre. Ils représentent *Aristote chevauché par Campaspe, Adam et Eve, Hercule sur le bûcher, l'Amour vainqueur du monde, Virgile suspendu dans un panier, Orphée* et la *Licorne auprès d'une Vierge.* Une composition du XVe siècle à nombreux petits personnages commémore la cérémonie réparatrice faite aux Grands-Augustins pour réparer l'attentat commis par des hommes de police contre deux religieux de ce couvent (1440).

La grande vasque au centre de l'arrière-cour a été constituée avec l'ancien lavabo des moines de Saint-Denis (XIIIe siècle), orné de vingt-huit bustes représentant des divinités païennes, des allégories ou des animaux.

L'évolution de l'architecture française, que nous avons suivie de l'hôtel de la Trémouille à Gaillon, nous la voyons s'accentuer au portique de l'hôtel Torpanne reconstitué dans le jardin. Nous sommes au milieu du xvi⁰ siècle : arcs à plein cintre, colonnes doriques, motifs décoratifs empruntés à l'antiquité, Renommées, satyres traités avec verve et exubérance. De la même époque datent, en majeure partie, les fragments que l'on voit dans le même jardin : des bas-reliefs qui proviennent de l'attique du Louvre, deux statues de femmes dans le style de Jean Goujon; seule, la grande frise représentant le *Gouvernement français, sous le règne de Louis XIV, recevant la Paix des mains d'Hercule,* par Michel Anguier (1612-1686) est postérieure.

Au portique de l'hôtel Torpanne, nous avons constaté que le Gothique avait disparu tout au moins dans les éléments principaux. A travers l'Italie, l'antique s'est implanté en France. En revenant dans la première cour, nous constatons son triomphe au portail d'Anet, qui forme la façade de la chapelle, derrière une grille de date un peu antérieure. On sait que le château d'Anet, près de Dreux, fut construit, à partir de 1548, par Philibert Delorme (vers 1518-1577) pour Diane de Poitiers, maîtresse de Henri II. Comme Gaillon, ce château fut en partie démoli à la Révolution. Le portail, que nous avons devant les yeux, formait le corps central de la principale façade, au fond de la cour d'honneur. Il caractérise une étape dans l'évolution de l'architecture française. L'hôtel de la Trémouille représentait la fidélité à la tradition du moyen âge, Gaillon l'influence de l'Italie et, par elle, de l'antiquité. Anet précise le retour direct à l'antiquité. Si nous nous plaçons à un point de vue général et non pas exclusivement esthétique, Anet est le résultat de l'humanisme des Français contemporains. Delorme conçoit son œuvre avec une âme d'érudit. Sauf à la fenêtre du premier étage, dont les meneaux rappellent le moyen âge, il emprunte tous les éléments de sa construction à l'antiquité. Mais c'est un érudit et non pas un pédant. Il comprend le langage dont il se sert. A travers les Romains et Vitruve, ses seuls maîtres, il a l'instinct d'un art plus sobre et fin. Dans son portail, particulièrement à l'ordre inférieur, Delorme fait preuve d'un génie vraiment attique. Par son élégance nerveuse, il annonce nos grands architectes de la fin du xvii⁰ siècle et du xviii⁰, Hardouin-Mansart, Robert de Cotte, les Gabriel, Louis.

II. — LA CHAPELLE — LA COUR DU MURIER
LA SALLE MELPOMÈNE

LA CHAPELLE

Le vestibule est orné d'une belle boiserie flamande du xvi⁰ siècle, qui n'appartenait pas à la chapelle primitive; elle a été placée ici en 1838. Les trois portes proviennent du château d'Anet (voy. p. 15). Sur la boiserie se détachent trois petits bas-reliefs en albâtre représentant *Jésus portant sa croix*, la *Crucifixion* et la *Descente de croix* (1543) par le sculpteur François Marchand d'Orléans; ils proviennent de l'église Saint-Père d'Orléans ainsi que les deux colonnes placées à

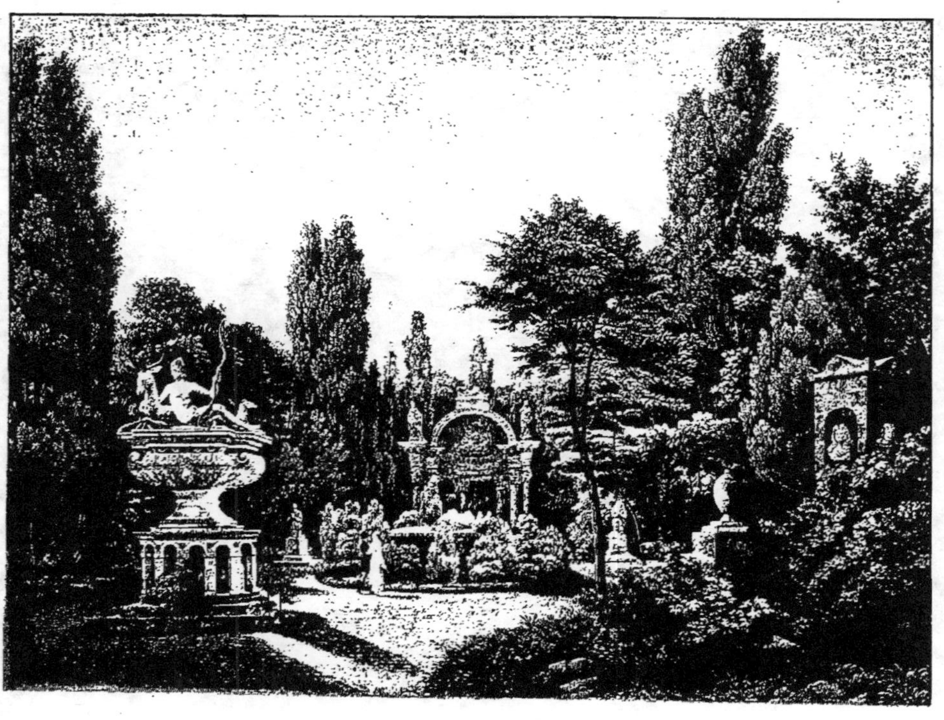

Le Musée des Monuments français. — Vue du Jardin.

(Eau-forte de Desaull, d'après Vauzelle et Lavallée.)

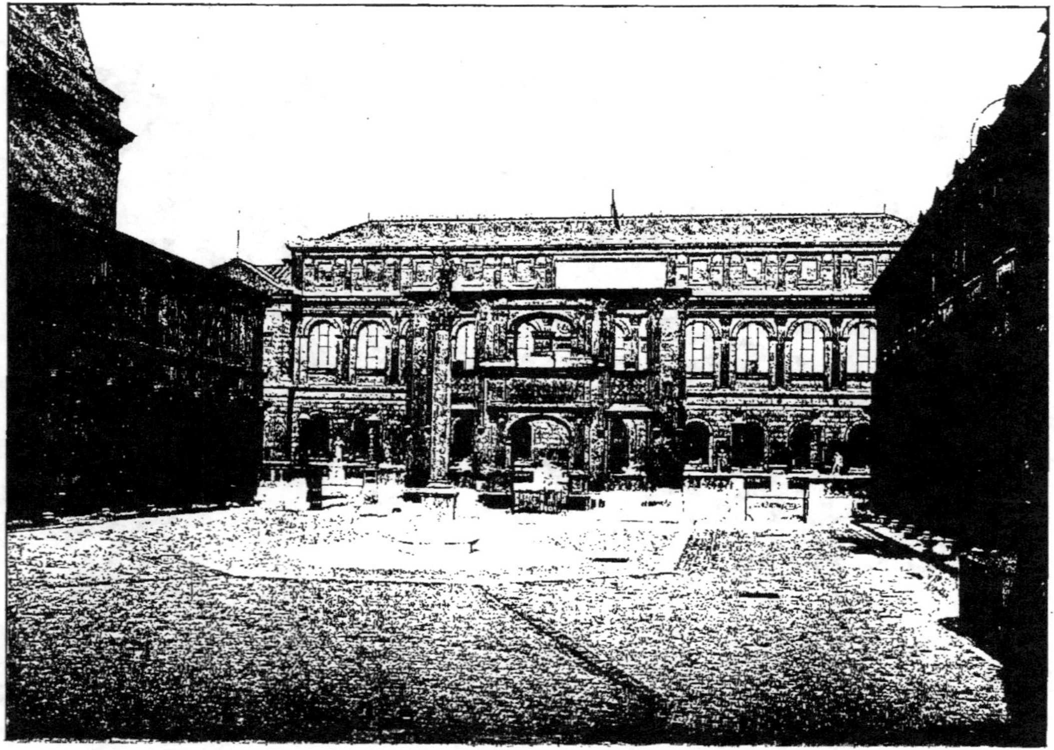

La Cour,

l'entrée de cette chapelle. Dans l'enfoncement, derrière le *Voltaire assis* (Comédie française) de Houdon (1741-1828), se trouvent un bas-relief (copie en bronze) du Tombeau du duc de Créqui, xviie siècle, et de très délicats bas-reliefs en terre cuite (1771) par Félix Lecomte (1737-1817) représentant les *Sept Sacrements*. Dans le vestibule, nous voyons aussi un petit groupe original en marbre, deux Enfants (xviie ou début du xviiie siècle) qui proviennent du couvent des Jacobins de la rue Saint-Jacques, des moulages de bustes de Houdon et ceux (actuellement retirés) de la tête de Pierre-le-Grand et de la tête du cheval, extraits du monument élevé par Falconet (1716-1791) à Saint-Pétersbourg sur l'ordre de Catherine II de Russie (inauguré en 1782).

Le vestibule est séparé de l'église par une haute clôture en pierre sculptée. Sur le linteau de la porte a été placé un groupe de deux enfants, qui provient de Toulon et se rattache à l'Ecole de Puget (1622-1694). Cette chapelle, en dehors d'épaves du Musée des Monuments français, offre des moulages d'œuvres italiennes, principalement des xve et xvie siècles florentins. Elles donnent son principal intérêt à ce musée. Quant aux œuvres françaises, leurs originaux, en majeure partie, se trouvent au Louvre ou à Saint-Denis, ou bien des moulages figurent au Trocadéro. Nous n'insisterons donc pas à leur sujet.

Nous suivons d'abord le côté droit de la nef. La balustrade supporte un petit bas-relief en pierre, un *Ecce homo* (xive siècle) provenant du Musée des Monuments français et une *Cérès* provenant du château de

3

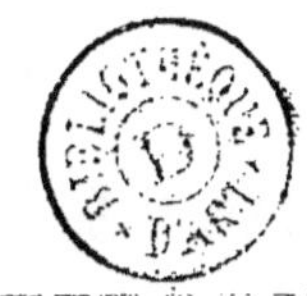

Nogent-sur-Seine. A côté, se trouve le moulage de la chaire exécutée par Jean de Pise (vers 1250-vers 1321) et ses élèves, influencés par l'art romain, pour la cathédrale de Pise, entre 1302 et 1311. Les fragments de la chaire qui souffrit de l'incendie de cette église en 1595, se trouvent aujourd'hui au Musée civique de Pise. La reconstitution donnée ici est celle du Musée de South Kensington, à Londres. Les bas-reliefs représentent des scènes de la Passion et le Jugement dernier.

Autour de la chaire rayonnent des sculptures italiennes de différentes époques : un bas-relief, le *Bon Pasteur* (Musée du Latran), trois bas-reliefs d'Orcagna (1308-1368), le *Mariage de la Vierge,* l'*Adoration des Mages* et la *Mort de la Vierge* pour le tabernacle d'Or San Michele à Florence; à Jacopo della Quercia (1374-1428) revient le buste de saint Ambroise à San Petronio de Bologne. Puis des sculpteurs du XVe siècle: Brunellesco (1377-1436), deux profils d'empereurs romains à Santa Croce de Florence; Rossellino (1427-vers 1478), le buste de Lorenzo Bruni; Benedetto da Maiano (1442-1497), le buste présumé de Machiavel (Florence, Musée du Bargello); Donatello (1386-1466), le soi-disant Pogge à la cathédrale de Florence. De cette cathédrale on voit ici un fragment de la porte de la Mandorla, une des premières manifestations de la Renaissance à Florence.

Parmi ces sculptures florentines dont il a la finesse, un médaillon provenant de Gaillon et représentant Tibère ne nous semble pas dépaysé.

Le motif central de la travée suivante est constitué

par un des panneaux de la porte de bronze exécutée
entre 1439 et 1445 par le Florentin Antonio Filarète
(1400-1469) pour Saint-Pierre de Rome; l'esprit païen
et humaniste de la Renaissance se montre dans les
sujets mythologiques des encadrements qui entourent
des figures religieuses. Devant ce panneau, s'allonge
la statue tombale de Gaston de Foix, jeune héros
frappé en sa fleur qui a inspiré à Agostino Busti, dit
le Bambaia (1480-1548), son chef-d'œuvre (Château
Sforza à Milan). Auprès, sur un socle, est placé le
buste de saint Régulus par le Lucquois Matteo Civitali
(1436-1501). Les moulages, encadrant la porte de Filarète, sont ceux des six bas-reliefs en bronze qui,
autour des Fonts baptismaux du Baptistère de Sienne,
illustrent l'Histoire de Saint-Jean-Baptiste et sont dus
à divers artistes :

Jacopo della Quercia (*Zacharie au Temple*); Ghiberti (*Le
Baptême du Christ* et *Saint Jean devant Hérode*); Donatello
(*Le Festin d'Hérode*); Turino di Sano et son fils Giovanni di
Turino (*La Naissance de Saint Jean* et le *Sermon de saint
Jean*).

Devant, un socle, dont les quatre faces sont garnies
des petits bas-reliefs de la *Châsse des grandes reliques*
d'Aix-la-Chapelle, supporte un buste de *Saint Jean
enfant* par Donatello et celui de Béatrice d'Aragon
par Francesco Laurana (trav. entre 1468 et 1490).
Ils sont dominés par le bel enfant qu'est le *David* de
Donatello, pittoresquement coiffé d'un chapeau et
chaussé de jambières.

Suit un moulage du grand candélabre à sept

branches en bronze de la cathédrale de Milan (XIII⁰ siècle), ainsi que des trophées d'armes de l'Armeria de Madrid. Derrière le gigantesque candélabre, le mur se creuse d'une niche assez profonde. Autour de son ouverture, nous voyons un bas-relief (début du XVI⁰ siècle) représentant une Vierge entourée de saints et un buste de *Jeune guerrier* de Pollaiuolo (1429-1498).

Sur les parois de la niche, sont fixés un bas-relief de l'*Adoration des Mages* par Nicolas de Pise (vers 1206-vers 1280) pour la chaire du Baptistère de Pise; et, par André de Pise (1273-1348), cinq des compartiments de la porte Sud du Baptistère de Florence (la plus ancienne) ainsi qu'un petit bas-relief, le *Labour,* pour le campanile de Florence.

A côté, se trouvent huit des compartiments qui ornent la porte Nord que Lorenzo Ghiberti (1381-1455) exécuta en premier lieu, avant la porte Est dont il sera question plus loin (voy. p. 27). Ghiberti est également l'auteur d'une composition voisine : *Saint Zanobio ressuscitant un enfant,* un des bas-reliefs qui décorent la châsse de ce saint à la cathédrale de Florence.

Donatello est représenté par douze petits bas-reliefs d'enfants musiciens et une *Madone avec l'Enfant Jésus ;* à côté, une autre Vierge par Jacopo della Quercia.

Au milieu de ces œuvres du XV⁰ siècle, figure un médaillon de Charles de Médicis par Vincenzo Danti (1530-1576).

En sortant de ce retrait, si nos yeux se portent vers

la corniche qui couronne le mur, nous apercevons cinq grandes statues : trois statues du portail Nord de Chartres, dont *Saint Georges* et *Sainte Modeste,* puis le *Saint Georges* de Donatello (Or San Michele, Florence) et le *Christ* de Michel-Ange (Sainte-Marie-de-la-Minerve, Rome).

Contre la muraille ou à côté, outre de beaux ornements tirés d'un des tombeaux de la famille Ponzetti par Maître Matteo à Sainte-Marie-de-la-Paix (Rome), nous rencontrons de nouveau des œuvres de Donatello : *Jésus et saint Jean, Saint Jérôme devant la croix,* une *Vierge tenant Jésus sur ses genoux,* un buste de *Julien l'apostat;* enfin, le bas-relief *Saint Georges délivrant la Princesse,* ornant le socle de la statue de *Saint Georges,* dont nous venons de parler. Contre une colonne est placé un buste de Béatrice d'Este par Desiderio da Settignano (1428); et devant, près d'une Vierge française, le buste d'un jeune homme par Pollaiuolo.

La travée suivante offre le tombeau de Filippo Decio (première moitié du XVIe siècle), par Stagio Stagi au Campo santo de Pise. A l'entour, un *Saint Jean-Baptiste* de Benedetto da Maiano (Florence, Musée du Bargello), une *Femme à la Rose* de Verrocchio (1436-1488) et un buste de Michel-Ange par Battista Lorenzi. Devant le tombeau de Decio s'allonge la statue gisante d'Ilaria del Carretto sur son tombeau, par Della Quercia, à la cathédrale de Lucques.

De chaque côté de la grande arcade de la chapelle Michel-Ange sont assemblées des œuvres caractéristiques de sculpteurs toscans du XVe siècle. Nous retrouvons Donatello avec son *Amour* ou *Génie foulant des serpents*. Les Della Robbia sont également représentés. Nous avons de Luca (1400-1482), le premier en date et le plus grand, ses bas-reliefs de la cathédrale de Florence (Musée de l'Œuvre de cette cathédrale) représentant des Rondes d'enfants. Il sera intéressant de comparer ces frises avec les bas-reliefs sur le même sujet, conçus par Donatello pour les mêmes tribunes d'orgues (*cantorie*), et dont les moulages sont placés dans le vestibule de l'Hôtel de Chimay.

Non loin, se trouvent les moulages de deux de ces bas-reliefs en céramique ronds, ou rectangulaires avec une partie supérieure arrondie, qui ont fait la popularité des Della Robbia; malheureusement, une reproduction en plâtre ne peut rendre l'éclat et la fraîcheur de la céramique. De Giovanni (1469-vers 1529) nous verrons en sortant de la Chapelle, ses frises de l'Hôpital del Ceppo à Pistoia (voy. p. 35). Nous avons ici une grande *Adoration des Mages*, par Andrea (1437-1528) et quatre de ses médaillons d'Enfants emmaillotés, qui ornent le portique de l'Hôpital des Enfants-Assistés à Florence. Une *Vierge assise* appartient aussi à l'atelier des Della Robbia. Le Siennois Vecchietta (1412-1480) est sous l'influence des Florentins et de Donatello, comme le prouve son buste d'Analena Malatesta (attribué d'ailleurs par Bode à Donatello).

La génération florentine qui suivit Donatello, n'a pas sa force nerveuse et son accent, mais elle a laissé des œuvres extrêmement délicates. Nous voyons de

Desiderio da Settignano (1428-1464) plusieurs de ses bustes d'enfants qui lui sont maintenant rendus après avoir été longtemps attribués à Donatello. Peu d'artistes ont, aussi bien que lui, avec autant d'exactitude et de charme à la fois, observé et traduit l'expression des tout petits.

Le musée possède aussi des fragments — notamment un Enfant tenant un écusson — de sa plus grande œuvre, le tombeau de Carlo Marsuppini à Santa Croce de Florence. Nous ne faisons que citer le Diotisalvi de Mino da Fiesole (1431-1484), puisque, grâce à la munificence des héritiers de M. Gustave Dreyfus, cette œuvre rare appartient maintenant au Louvre.

Le bas-relief du tombeau élevé par Bernardo Rossellino (1409-1464) pour le Cardinal de Portugal à San Miniato, près de Florence, nous montre quelle grâce raffinée et souriante la sculpture florentine sait donner à un monument funéraire. Le frère de Bernardo, Antonio (1427-vers 1478), nous offre ici une *Madone*.

Une parenté étroite relie ces maîtres au Lucquois Matteo Civitali (1435-1501), auteur du bas-relief de la *Foi* que nous avons ici, et à Benedetto da Majano : outre un Vase avec ornements, nous voyons son chef-d'œuvre, les bas-reliefs de la chaire de Santa Croce à Florence, qui nous montrent Saint François d'Assise devant le Sultan, recevant les stigmates, priant pour ses frères martyrs, obtenant du Pape les règles pour son ordre, et, enfin, mourant. Du même Benedetto une œuvre forte, qui rappelle Donatello, est son buste de

Filippo Strozzi (Musée de l'Empereur-Frédéric, à Berlin).

Avec Verrocchio la sculpture florentine reprend un accent plus tranchant et plus sec, visible principalement dans son *David* décidé et rageur (Florence, Musée du Bargello), dans son *Buste de femme* (Paris, collection Dreyfus). *L'Enfant au Dauphin*, dont l'original orne la cour du Palais Vieux, à Florence, est une des plus spirituelles fantaisies qu'ait inventées le génie florentin.

Florence fut un grand foyer d'art sculptural. On sait quelle fut l'influence de Donatello à Padoue (voy. p. 28) et quelle va être celle de Michel-Ange à Rome. De son côté, Jacopo Sansovino (1486-1570) rénova la sculpture vénitienne. Voici de lui un des bas-reliefs qui ornent la porte de la sacristie de Saint Marc, la *Mise au Tombeau*.

Les autres statues, dans cette partie du musée, appartiennent au XVIe siècle : le *Jonas*, de Lorenzetto (1494-1541), exécuté d'après un dessin de Raphaël pour Sainte-Marie-du-Peuple à Rome, et la maquette du *Persée* de Cellini (1500-1571), la statue de la Loggia dei Lanzi, à Florence (la maquette est au Musée du Bargello) ; enfin, le Flamand Jean Bologne (1529-1608), tout à fait italianisé, le dernier en date des grands sculpteurs de la Renaissance, nous donne ici les scènes de la *Passion* (Eglise de l'Annunziata, à Florence) et la *Naissance de la Vierge,* un des tableaux sculptés qui décorent la porte de la cathédrale de Pise. Nani di Baccio, qui osa se mesurer avec Michel-Ange et dont on voit ici des fragments de

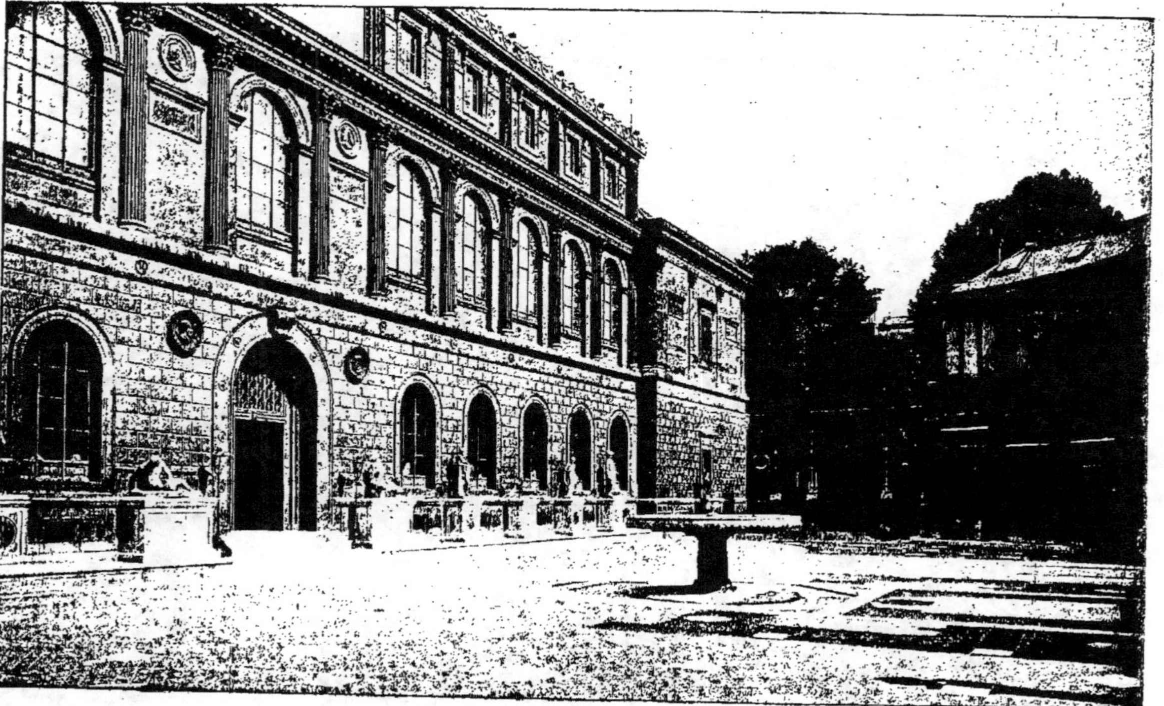

La seconde Cour et le Jardin.

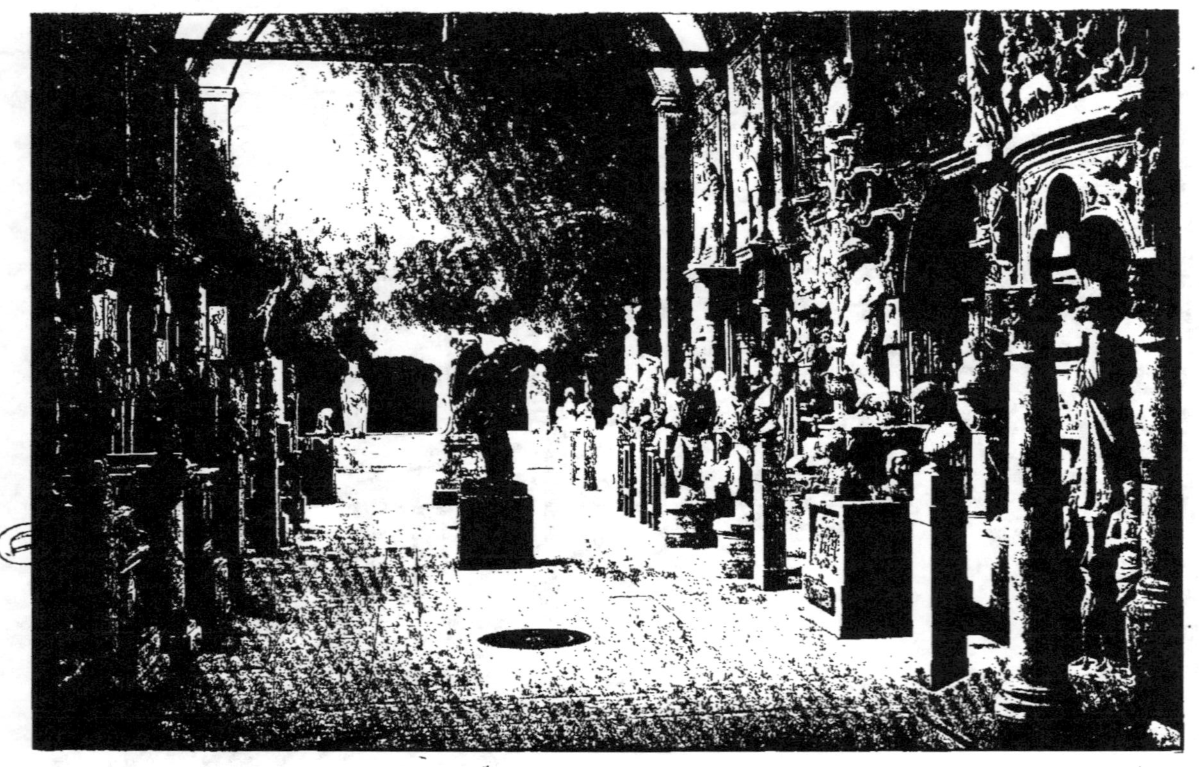

La Chapelle.

l'*Assomption,* nous amène à parler de Michel-Ange
(1474-1564).

Ses œuvres ont été groupées dans cette petite chapelle en rotonde, à coupole, dont il a été question
dans notre historique et qui fut comme le noyau
du couvent des Petits-Augustins. Elle fournit le
décor qui convient aux reproductions du grand
sculpteur, notamment à ses tombeaux des Médicis.
Elle nous offre un résumé de l'œuvre du maître.
Nous pouvons très facilement examiner ses travaux
dans l'ordre chronologique. Le bas-relief du *Combat
des Centaures* (Florence, Casa Buonarotti) et *l'Enfant
courbé* sont parmi ses toutes premières œuvres, celles
de la vingtième année. Le *Bacchus ivre* (Florence,
Musée du Bargello) et le *Cupidon* (Londres, Musée
Victoria et Albert) de la fin du xve siècle, montrent
sa passion juvénile pour l'antiquité. La *Pietà* de Saint-
Pierre témoigne de son premier voyage à Rome
(1496-1501). On sent le sculpteur hésiter entre des
souvenirs florentins hérités de son maître Ghirlandajo
et sa passion pour l'antique qu'accuse le corps du
Christ, véritable Apollon. La *Vierge* de Bruges, les
deux médaillons de la *Vierge avec Jésus et saint Jean*
(Londres, Académie des Beaux-Arts, et Florence,
Musée du Bargello) indiquent une inspiration purement florentine.

En 1501, Michel-Ange, revenu à Florence, taille dans
un bloc de marbre le *David* dont nous voyons ici le
moulage de la tête. Il regagne Rome en 1605 pour le
tombeau de Jules II à Saint-Pierre-aux-Liens. Comme
on le sait, les statues qui devaient former le motif

central de ce tombeau, *Moïse, Léa* et *Rachel* furent seules mises en place.

Après la mort du pape, le tombeau resta inachevé. Des *Esclaves,* qui devaient garder la dépouille de Jules II, deux seulement furent terminés, ceux que possède le Louvre; les quatre autres, à peine ébauchés, se trouvent à l'Académie de Florence.

Les tombeaux des Médicis à la nouvelle Sacristie de San Lorenzo, à Florence, construite par Michel-Ange lui-même, représentent son activité comme sculpteur entre 1520 et 1534. Ces tombeaux, nous le rappelons brièvement, sont ceux des petits-fils de Laurent le Magnifique : Julien dont le roi de France avait fait un duc de Nemours (mort en 1516) et Laurent, duc d'Urbin (mort en 1519), deux personnages sans valeur morale ni intellectuelle que l'artiste a immortalisés. Julien est représenté en guerrier antique, allusion à son commandement des troupes du Saint-Siège; il domine les statues du *Jour* et de la *Nuit.* Laurent, lui, est représenté dans une pose méditative qui contraste avec l'attitude énergique de Julien et qui lui a valu le surnom de Penseur; il est accompagné des statues du *Crépuscule* et de l'*Aurore.* C'est dans ces statues, surtout dans les allégories, que Michel-Ange exprime, matérialise ses sentiments, ses souffrances, son lyrisme.

Ensuite, Michel-Ange est trop absorbé par son épopée du *Jugement dernier* pour s'occuper d'œuvres de sculpture, mais il reprend le ciseau pour faire sortir du bloc, entre 1553 et 1555 —, et la briser presque achevée —, cette *Déposition de croix* réparée et terminée, en ce qui concerne la figure de sainte Madeleine, par un de ses élèves. Devenu vieux, le Titan abandonne son énergie tendue et sa hauteur pour redevenir simplement humain; il aborde son sujet avec le sentiment d'un imagier naïf.

Pour fond à cette petite chapelle on a donné le moulage de la grande porte du Baptistère de Florence, celle du *Paradis,* qui regarde la cathédrale et que Michel-Ange admirait tant. Ghiberti, qui avait donné satisfaction pour la seconde porte du Baptistère (voy. p. 20), obtint la commande de celle-ci sans concours préalable. Les sujets en sont empruntés à l'Ancien Testament :

1° La Création; Adam et Eve chassés du Paradis; 2° Adam travaillant la terre; Le Meurtre d'Abel; 3° Noé; 4° Abraham et les trois anges; Le Sacrifice d'Abraham; 5° Esaü et Jacob; 6° Joseph et ses frères; 7° Moïse sur le Sinaï; 8° La Prise de Jéricho; 9° Bataille contre les Ammonites; 10° La Reine de Saba.

Au milieu de magnifiques encadrements, Ghiberti a créé des tableaux sculptés plus encore que des bas-reliefs.

En sortant de la chapelle Michel-Ange, nous revenons au jubé qui sépare le vestibule de la chapelle. Le côté gauche du musée nous offre d'abord une *Pomone* en pierre, provenant du château de Nogent-sur-Seine, et un fragment de colonnette, deux épaves du Musée des Monuments français. Nous ne nous attarderons pas à la Porte de Sainte-Anne que nous pouvons voir journellement à Notre-Dame de Paris, ni non plus aux « gisants » isolés de Henri II et Catherine de Médicis dont le monument par Pilon existe en son intégrité à Saint-Denis, à un autre « gisant » le *Charles V*, de Beauneveu (Saint-Denis), au sarcophage de Louis de Brézé (Cathédrale de Rouen) dont le Trocadéro possède un moulage complet, aux bustes de G. Pilon (1515?-1590) et de Prieur (mort en 1611) qui sont au Louvre. Nous nous arrêterons devant des originaux français : *Sainte Madeleine et sainte Marthe*, marbre (xive siècle) et *Abraham portant une âme dans son manteau* (xiiie siècle). Ensuite, nous examinerons une série d'œuvres italiennes : de Mino da Fiesole, les bustes de Pierre de Médicis (Bargello, Florence) un buste de jeune homme et le bas-relief de la *Vierge avec des saints,* exécuté pour la cathédrale de Fiesole; puis, le tombeau des enfants de Charles VIII par Giovanni Giusti, francisé en Jean Juste (mort vers 1535) (cathédrale de Tours), et le bas-relief de Benvenuto Cellini la *Délivrance d'Andromède,* qui accompagne la statue de Persée à la Loggia dei Lanzi à Florence (voy. p. 24). Nous retrouvons Donatello dans sa maturité, avec toute la force de son accent dramatique, dans les bas-reliefs fondus en bronze pour le maître-autel de Saint-Antoine de Padoue :

Les sujets de ces bas-reliefs concernent la vie de saint Antoine : 1° il trouve une pierre à la place du cœur dans le cadavre d'un avare, qu'on vient d'ouvrir; 2° il ressoude le pied tranché d'un jeune homme; 3° il rend la parole à un enfant muet, pour lui permettre de disculper sa mère faussement accusée d'adultère; 4° en sa présence, un âne refuse une hostie que des infidèles lui donnent à manger.

Ghiberti nous donne sa châsse de saint Zanobio qui se trouve à la cathédrale de Florence. Plus loin, le buste de Charles VIII de France, qui figure au Musée du Bargello à Florence, est l'œuvre d'un anonyme.

Pour des raisons déjà données, nous n'insistons pas sur les œuvres françaises que nous rencontrons : un trumeau de Saint-Michel de Dijon (xvi siècle), les bas-reliefs bien connus de Jean Goujon (vers 1520-vers 1572), représentant des Lions, encore en place sur la façade de l'Hôtel Carnavalet; puis les têtes des statues de Marguerite d'Autriche et de Philibert de Savoie à l'église de Brou (moulage complet au Trocadéro); les bustes de Henri II et de Charles IX, par Germain Pilon, au Louvre.

Plus loin, escortées des pleurants des tombeaux de Dijon, nous rencontrons des œuvres du sculpteur allemand Peter Vischer (1460-1529) : le *Tombeau de saint Sébalt* à Nuremberg et le *Couronnement de la Vierge* à Erfurt. Puis, nous revenons aux Italiens avec des bas-reliefs de Jacopo della Quercia : la *Naissance d'Eve*, la *Tentation d'Eve* et l'*Expulsion du Paradis* (San Petronio de Bologne) et quatre autres, plus petits, représentant des scènes de martyres, qui décorent l'autel de la chapelle du Saint-Sacrement à San Frediano de Lucques.

Les travées suivantes offrent surtout des œuvres françaises du xvi siècle : le *Génie de l'Histoire*, par Jean Goujon, la grande figure qui orne la façade du Louvre sur la Cour carrée. A Pilon reviennent les cariatides de la chaire des Grands-Augustins (maintenant au Louvre) et deux bas-reliefs, la *Foi* et la

Force. Devant, les statues tombales de Louis Poncher et de sa femme Roberte Legendre (Musée du Louvre), par Guillaume Regnault et Guillaume Chaleveau.

Ensuite, derrière les gisants de Louis XII et d'Anne de Bretagne (Saint-Denis), sont disposés plusieurs bas-reliefs de Jean Goujon : une *Nymphe* de la Fontaine des Innocents; les *Quatre évangélistes* de la chapelle d'Ecouen et la *Mise au Tombeau* (Louvre). Deux *Renommées* soufflant dans des trompettes, qui, au premier abord, semblent de la même école, sont, en réalité, des œuvres de Taunay (1769-1824). Exposées au salon de 1808, elles furent exécutées pour l'Arc de Triomphe du Carrousel.

Encadrant la porte qui ouvre sur la cour du Mûrier, sont groupés des moulages de figures décoratives qui ornent la façade du Louvre sur la Cour carrée : la *Guerre désarmée,* la *Paix,* des *Victoires.* Un socle, en avant de la dernière travée, porte : en bas, les moulages précieux des *Douze signes du Zodiaque,* dont les originaux, attribués à Jean Goujon, ont péri avec l'Hôtel de Ville en 1871; au-dessus, six Saints de Baccio Bandinelli (1493-1560) pour la balustrade de la cathédrale de Florence. Au sommet de cet assemblage, le *Mercure* de Jean de Bologne s'élance dans les airs.

Au milieu de l'allée centrale, l'*Amour se faisant un arc de la massue d'Hercule,* par Bouchardon (1698-1762), et, devant l'entrée de la chapelle Michel-Ange, le *Monument du cœur d'Henri II,* dit les *Trois Grâces,* par Germain Pilon. Devant la copie du *Jugement dernier* — au-dessous se trouvent les petits bas-reliefs du tombeau de François Ier à Saint-Denis —, on a placé trois statues dont les originaux sont au Louvre, *Charles V* et sa femme *Jeanne d'Evreux*, et une *Vierge tenant l'Enfant Jésus.*

Les copies peintes, placées sur la partie supérieure des murs de la chapelle, reproduisent des œuvres italiennes d'époques diverses (les noms propres, dont nous faisons suivre l'indication des ouvrages, sont ceux des copistes).

Au mur Sud, dans le vestibule, nous avons trois de ces compositions de Giotto (1266-1337) à la Chapelle de l'Arena de Padoue, où s'exprime l'âme sublime et le génie dramatique du grand initiateur de la peinture italienne. Ces compositions, complétées par les relevés que nous verrons dans un autre bâtiment de l'Ecole, sont : la *Présentation de la Vierge au Temple*, le *Mariage de la Vierge* et la *Descente de croix* (Hénault). La grande composition, qui domine la porte, est le *Calvaire* de Fra Angelico (1387-1455), dans la salle du chapitre au couvent de Saint-Marc à Florence, et deux des compositions du premier cloître au même monastère : *Jésus en pèlerin reçu par deux religieux* et *Saint Dominique recommandant le silence en mettant un doigt sur sa bouche* (Perraudin).

Ces relevés nous montrent quelle expression sobre et, par suite, intense, caractérise les fresques du doux peintre que le Louvre nous fait seulement connaître, dans ses tableaux, comme l'évocateur de paradis délicieusement puérils.

Sur le mur Est, nous voyons d'autres copies de fresques du xve siècle : la *Découverte de la vraie croix* et la *Bataille d'Héraclius contre les Perses,* compositions fraîches et énergiques que Pierro della Francesca (v. 1420-1492) peignit à Saint-François d'Arezzo (Loyeux), et un page réaliste de Melozzo da Forli (1438-1494) à la Bibliothèque du Vatican : *Le Pape Sixte IV, entouré de ses neveux, nomme Platina préfet de la Bibliothèque du Vatican.*

Suivent plusieurs œuvres appartenant à la période romaine de Raphaël (1483-1520) : deux fragments empruntés aux Chambres du Vatican : *Héliodore chassé du temple de Jérusalem par un envoyé céleste* et la *Dispute du Saint Sacrement* (Cabanel), puis des morceaux de la Farnésine : *Jupiter et l'Amour, Galatée, Vénus, Junon et Cérès* (Murat).

Sur le mur Est, en partant du vestibule, l'immense toile, que l'on voit d'abord, est la copie de la *Victoire de Constantin sur Maxence* qu'ébaucha Raphaël et que termina Jules Romain pour la dernière des Chambres du Vatican. Cette copie est ancienne; elle a été exécutée par Louis de Boullongne (1653-1734).

La composition suivante est le *Couronnement de la Vierge* par Moretto (1498-1555) à San Nazaro de Brescia (Bihan). Ensuite, nous abordons le XVIIe siècle avec une des fresques du Dominiquin (1581-1641) à Saint-Louis des Français : *Sainte Cécile distribuant ses biens aux pauvres* (Daverdony). Cette peinture fait contraste avec les deux suivantes, différentes entre elles : une composition sculpturale, aux arêtes vives, le *Saint Jacques conduit au supplice,* par Mantegna (1431-1506), à la Chapelle des Eremitani à Padoue (Daverdony), et un Ghirlandajo (1449-1494), plus doux et plus fondu, l'*Adoration des Mages* aux Offices de Florence, copiée par un des deux frères Balze, élèves chéris d'Ingres, dont le nom reviendra souvent au cours de notre visite de l'Ecole. Cette rangée d'œuvres se termine par la composition du Sodoma (1477-1549) à Monte Oliveto Maggiore, le *Siège du Mont-Cassin par les Goths*, épisode de l'histoire de saint Benoît, fondateur du couvent (Loudet).

Le mur, qui forme le fond de la chapelle, est entièrement couvert par la copie gigantesque de cette œuvre surhumaine qu'est le *Jugement dernier* de Michel-Ange à la Chapelle Sixtine du Vatican (Sigalon).

Je rappelle brièvement que le *Jugement dernier* fut composé par Michel-Ange entre 1534 et 1541, à peu près trente ans après l'achèvement des voûtes de la Chapelle Sixtine (voy. p. 38). Le groupe central comprend le Christ, justicier menaçant, et la Vierge entourés d'apôtres et de saints. A gauche, les Elus montent vers le Paradis, protégés des Démons par les Anges. Au sommet de la composition, d'autres anges en deux groupes entourent la croix, la colonne de la Flagellation et d'autres instruments de la Passion. A droite du Sauveur et de la Vierge, les Réprouvés, happés par les Démons, s'efforcent en vain de suivre le même chemin que les Bienheureux.

Les figures au-dessous du motif central représentent les Morts ressuscités et, tout à fait à la partie inférieure, réminiscences de l'Enfer de Dante, Caron dans sa barque que veulent envahir les ombres, puis le juge Minos.

LA COUR DU MÛRIER

En sortant de la Chapelle, nous traversons la cour dite du Mûrier, afin de gagner la salle Melpomène et ses annexes, qui contiennent la majeure partie des copies de peintures. La cour du Mûrier, dont jadis Taine a vanté l'atmosphère reposante et recueillie, représente une partie de l'ancien cloître des Petits-Augustins, que Duban adapta et transforma en une manière d'atrium pompéïen. C'est aussi le Campo Santo de l'Ecole, qui renferme deux monuments : celui de Henri Regnault (1843-1871) et des Morts de 1870-1871, dû à la collaboration de l'architecte Coquart et du sculpteur Chapu qui ont réalisé une œuvre délicate et élégante, bien en harmonie avec l'ensemble de la cour; celui des Morts de la grande guerre 1914-1918 par l'architecte Marcel et le sculpteur Boucher, a été inspiré par un non moins louable sentiment de piété. Les frises des Panathénées (voy. p. 64) qui règnent autour du portique, semblant fournir le cortège funèbre qui convient à de jeunes artistes frappés pour leur pays à la fleur de l'âge.

Les arceaux encadrent les copies d'antiques exécutées par des pensionnaires de Rome. Nous citons, pour l'intérêt qui s'attache à des noms devenus illustres par la suite, celles de l'*Apolline* (Florence), par Injalbert (né en 1845); du *Tireur d'épine* (Capitole), par Chapu (1833-1891); de l'*Enfant au masque* (Capitole, Rome), par Antonin Mercié (1845-1916). Le bronze que nous trouvons isolé parmi ces marbres, le *Mercure* original de J.-L. Brian (1805-1864) rappelle la mort affreuse de son auteur qui périt de dénuement et de froid, s'étant dépouillé de ses vêtements pour en recouvrir sa maquette afin de la préserver du gel.

LE VESTIBULE DE LA SALLE MELPOMÈNE

Nous sommes accueillis par les bas-reliefs qui, en une longue frise, se déroulent au-dessus du portique de d'Hôpital del Ceppo à Pistoia, bas-reliefs de l'Ecole des Della Robbia et que le grand Luca n'eût pas désavoués, car ils sont dignes de lui pour leur vérité et leur délicatesse. Ces bas-reliefs représentent les *Sept œuvres de la Miséricorde,* les *Soins aux malades,* la *Charité,* la *Visite des prisonniers,* etc... La série complète ne se trouve pas dans ce vestibule. D'autres parties ornent les couloirs qui font communiquer la cour du Mûrier avec la cour de la rue Bonaparte, et, aussi, un des murs du jardin.

Il y a, dans ce vestibule, plusieurs relevés par Hénault, des fresques de Giotto à l'Arena de Padoue, relevés qui s'ajoutent aux copies que nous venons de voir dans la Chapelle D'un côté de l'escalier, nous voyons le *Sommeil de Joachim,* le *Mariage de la Vierge* et la *Visitation;* de l'autre, le *Christ lavant les pieds des apôtres,* la *Résurrection de Lazare* et le *Baiser de Judas.* Au milieu d'elles, contraste inattendu à ces sujets si purement chrétiens, la composition centrale du plafond de la Farnésine par Raphaël, le *Festin des Dieux* (Papety), traduit le rêve païen de la Renaissance.

LA SALLE MELPOMÈNE

La salle Melpomène et ses annexes — sauf celles qui contiennent les Prix de Rome pour la sculpture — renferment la majeure partie des copies de peintures que possède l'Ecole. Leur ensemble compose un musée d'études unique au monde. En effet, si nous rencontrons en Europe de grandes collections de moulages (Le Louvre, Berlin, le Crystal Palace de Sydenham près de Londres, pour l'Antiquité ; le Trocadéro, à Paris, le Crystal Palace de Sydenham et le Musée Victoria et Albert à Londres pour la Sculpture du moyen âge, de la Renaissance et des Temps modernes), nulle part on ne trouve une collection analogue pour la peinture. Nous voyons réalisée en partie l'idée du musée de copies que Charles Blanc avait commencé de créer en 1873 au Palais de l'Industrie [1].

Beaucoup des copies que nous voyons ici sont médiocres, mais l'ensemble donne une honnête moyenne qui permet de se faire une idée juste des originaux. Certaines sont bonnes. Quelques-unes sont intéressantes. Plusieurs sont l'œuvre d'artistes qui, par leurs créations, ont conquis un nom.

L'arrangement de ce musée de peinture semble, au premier abord dû à un dilettante capricieux qui aurait voulu, pour en tirer d'amusantes oppositions, rapprocher les œuvres les plus différentes par l'esprit et par l'origine. Les lecteurs de ce guide préfére-

____

[1] Louis Auvray, le *Musée européen*, Paris, 1873.

ront certainement une visite méthodique à des impressions décousues; aussi, au risque de leur infliger un chassé-croisé continuel, plutôt que d'énumérer les œuvres dans l'ordre où elles se présentent, nous avons préféré grouper ces œuvres (¹).

Avant tout, les maîtres italiens du xvi⁰ siècle dominent ici. Le xv⁰ siècle n'occupe qu'une faible place. Le sobre et émouvant Masaccio (1401-1428) est représenté par deux de ses fresques du Carmine à Florence : la *Délivrance de Saint Pierre et de Saint Paul,* en collaboration avec Filippo Lippi (1406-1469) [Entrée] (Mottez) et le *Miracle de Saint Pierre* [E] (J.-P. Laurens). Du sinueux et raffiné Botticelli (1444-1510) nous avons ici la *Force* (Nancy) et l'*Adoration des Mages* (Haussoulier) du Musée des Offices [O]; Verrocchio, précis et plastique en sculpteur et en orfèvre qu'il est, offre son *Baptême du Christ* (Offices, Copie par Durancel) [E].

Léonard de Vinci (1452-1519) est représenté par ses élèves. La *Vierge au Donateur* [O], de Sant' Onofrio à Rome, qui figure ici sous son nom, a été pendant longtemps considérée comme une œuvre de sa jeunesse, mais, aujourd'hui, elle lui a été à peu près

---

(1) Etant donnée l'ampleur de la Melpomène, pour réduire les tâtonnements et les va-et-vient, nous faisons suivre chaque mention de tableau de l'indication du mur sur lequel il est accroché. Les initiales entre crochets signifient: N, mur Nord; O, mur Ouest; E, mur Est; S, mur Sud. Il suffira au visiteur de s'orienter d'après le plan qui accompagne ce volume. Pour les autres salles plus petites, cette indication devenue inutile n'a pas été continuée.

sûrement retirée pour être rendue à Boltraffio (1471-1516). Un autre de ses disciples, le charmant et capiteux Sodoma, révèle ici une de ses œuvres principales, la fresque qui nous montre sainte Catherine pâmée d'amour céleste, dans l'église sous le vocable de cette sainte, à Sienne (Giacomotti) [O].

Nous revenons aux Florentins avec l'artiste affiné, mais parfois vide de pensée qu'est Andrea del Sarto (1486-1531), comme en témoignent sa fresque pittoresque : *La chemise de Saint Philippe Benizzi guérissant des malades* (Annunziata) à Florence (Signol) [Entrée] ; son portrait des Offices de Florence (Timbal) [O]; enfin, son œuvre la plus haute d'inspiration et la plus pathétique, la *Cène* du couvent de Saint-Salvi, près de Florence (Jules Lefebvre) [E].

Les deux rois de cette salle sont Michel-Ange et Raphaël. Pour Michel-Ange, avec les nombreux relevés d'après cet artiste que possède l'Ecole, il serait possible, en les rassemblant, de tenter dans la chapelle, une reconstitution intéressante de l'ensemble des peintures de la Chapelle Sixtine. Dans la salle Melpomène ont été rangées, à la travée supérieure qui touche le plafond, les figures grandioses des *Prophètes* et des *Sibylles*, copiées par Boncoiran et Sigalon. Le vestibule de la Melpomène, qui ouvre sur le quai Malaquais, offre d'autres peintures de la voûte de la Sixtine, les compositions suivantes : la *Création d'Adam*, la *Création d'Eve*, la *Tentation d'Eve*, l'*Ivresse de Noé*, *Judith emportant la tête d'Holopherne*, et plusieurs figures de jeunes hommes nus, des *Ignudi*. Ces relevés sont de Paul Baudry

(1828-1886) qui se préparait ainsi à ses grandes figures du foyer de l'Opéra de Paris.

A défaut d'un voyage en Italie, que rien ne peut remplacer, l'Ecole des Beaux-Arts fournit des éléments non moins précieux pour l'étude de Raphaël et principalement de ses grands cycles de composition. Le voici, tout jeune, qui, dans son *Mariage de la Vierge* (Brera, Milan, copie par Lechevallier-Chevignard) [E], imite une composition identique de son maître le Pérugin (1446-1524), aujourd'hui au musée de Caen. De ce même Pérugin, nous voyons, à l'entrée de la salle, un fragment du *Baptême du Christ* (Baschet) exécuté en collaboration avec Pinturicchio (1454-1513) et appartenant à cette série de compositions, dues au Pérugin, à Pinturicchio, à Botticelli, à Ghirlandajo, à Rosselli (1439-1507), qui, à la Chapelle Sixtine, ont précédé de cinquante ans les fresques de Michel-Ange. Nous revenons ensuite à Raphaël avec plusieurs tableaux de la période florentine : les portraits de Maddalena Doni [O] et de la *Gravida* [E] (la *Femme enceinte*) au Palais Pitti, à Florence, copiés par Mottez et par Timbal; son propre portrait juvénil et charmeur (Florence, Offices (copie de Timbal); enfin, la *Mise au tombeau* qui, encore avec des duretés et des maladresses, termine, sans rompre avec elle, une période de transition et de développement (1507) (Rome, Galerie Borghèse, copie par Soulacroix) [N].

La période romaine, période de plein épanouissement, qui s'étend entre 1508 et 1520, année où meurt l'artiste, également période d'une activité prodigieuse, est encore mieux représentée à l'Ecole. Le portrait de l'humaniste gourmand et voluptueux que fut Léon X [O], montre de quel réalisme Raphaël était capable à l'occasion. Surtout, nous pouvons ici même nous faire une idée, si approximative qu'elle soit, des grands ensembles, variés par le sujet et l'interprétation, qui furent exécutées au Vatican, à S. Maria della Pace, enfin à la Farnésine.

L'une près de l'autre [O], sont exposées les deux grandes compositions de la Chambre de la Signature au palais du Vatican : La *Dispute du Saint-Sacrement* qui montre une réunion des plus grands théologiens rassemblés autour de l'autel et l'*Ecole d'Athènes* où Raphaël s'est proposé de symboliser les sciences et les humanités de son temps (copies de Paul Balze). Au mur Est, nous voyons la composition en demi-lune placée au-dessus de la fenêtre dans cette même Chambre de la Signature : la *Force*, la *Vérité* et la *Tempérance*, et une figure de la voûte de la même chambre : la *Poésie* (copies par Paul Baudry). Au mur Est, une des compositions de la Chambre d'Héliodore, *Attila chassé de Rome*, copiée par Bon Boulogne (xviie siècle). A la décoration des Chambres se rattache cette vigoureuse et belle figure d'enfant (Académie de Saint-Luc à Rome), destinée à supporter les armes du pape Jules II au-dessus d'une cheminée (Landelle) [O].

L'église S. Maria della Pace à Rome nous fournit deux fragments des *Sibylles* peintes en 1514 par Raphaël peut-être hanté par les Sibylles exécutées par Michel-Ange quelques années auparavant [E et O], toutefois dans un esprit différent (Sellier). Aux copies de la Farnésine que nous avons précédemment vues (voy. pp. 32 et 35) s'ajoutent les figures de *Mercure* [S], dont la copie est doublement précieuse puisqu'elle a été exécutée par Ingres même, de *Vénus, Cérès et Junon* [N] (Guillemet), de *Psyché rapportant le vase du Styx* [N], enfin de *Mercure enlevant Psyché* [S], figures placées à la retombée des voûtes.

Jules Romain (1492-1546), l'élève le plus près de Raphaël, celui qui a fait le plus pour le vulgariser (dans tous les sens du mot) apporte à ce musée sa *Madone* de la Galerie Colonna [O], dont la copie constitue l'envoi de Rome de Henner (1829-1905). A la collaboration de Jules Romain et de Francesco Penni sont dues les figures de la *Justice* et de la *Clémence* (Vatican; copies par Clère) [S].

Nous quittons Raphaël pour les peintres des Ecoles du Nord. Voici Parme et Corrège (1494-1534) avec deux figures mythologiques : la *Danaé* de la Galerie Borghèse à Rome [O] (Blanc) qui rivalise avec l'*Antiope* du Louvre et *Mercure instruisant l'Amour devant Vénus,* un des joyaux de la Galerie Nationale à Londres [E] (Giacomotti); puis un tableau religieux, le célèbre *Jour* du musée de Parme, qui réunit la *Vierge, l'Enfant Jésus, sainte Madeleine* et *saint Jérôme* et dont on peut comparer deux copies ici-même (Baron et Maillard) [N et E].

La salle Melpomène offre plusieurs Vénitiens : d'abord, le tableau de Giovanni Bellini (vers 1430-

1516) aux Frari de Venise, la *Vierge trônant entourée de saints et d'anges musiciens,* dont le coloris chaud et vif est accentué par un magnifique encadrement qu'on a eu l'heureuse idée de reproduire ici (Wencker. [E].

Le Combat de Saint Georges contre le Dragon (Ecole des Esclavons, Venise) par Carpaccio (1480-1520), narrateur incomparable et amusant, a été traduit avec fidélité par Gabriel Ferrier [O]. La Melpomène possède (encore à deux exemplaires) la copie du plus beau tableau d'autel de Palma Vecchio (vers 1480-1528), la robuste Vénitienne qu'est la *Sainte Barbe* de Santa Maria Formosa [Entrée et E] (Serrur et Monchablon). Titien (1477-1576) fournit cinq œuvres. Voici son premier tableau religieux : *Saint Marc entouré de quatre saints* (Venise, Santa Maria della Salute), composé sous l'influence de Fra Bartolomeo (1475-1517) (Maréchal) [E]. A cette même période se rattache la *Femme assassinée par son mari* (1511), composition essentiellement dramatique qui orne la Scuola del Santo à Padoue (Roger) [O]; l'*Amour sacré et l'Amour profane* (1508) (Galerie Borghèse, Rome) où Titien emprunte encore la manière de Giorgione (vers 1475-1510) pour créer un de ses tableaux les plus poétiques [O].

L'*Assomption* (1518) des Frari de Venise marque une nouvelle conquête par Titien : celle du sentiment religieux exprimé avec un élan vraiment céleste; enfin, une copie précieuse entre toutes, puisque l'original a disparu dans l'incendie qui ravagea S. S. Giovanni e Paolo à Venise, en 1867, celle du *Saint Pierre martyr,* dont l'accent dramatique transportait ceux qui ont pu le voir [E] (Appert).

L'*Adoration de la Vierge,* par Paul Véronèse (1528-1588) (Académie de Venise), appartient à une série de tableaux sur le même sujet (Maréchal fils) [E].

De Tintoret (vers 1518-1594) nous ne voyons ici qu'un fragment du *Saint Marc délivrant un esclave condamné à périr* (Académie de Venise), si remarquable par l'impression de mouvement puissant que donne le vol plongeant du saint [E].

A cette même époque, se forme à Venise l'homme qui va donner à l'art italien une nouvelle orientation : le Caravage (1569-1609). C'est de lui que procède Ribera (1588-1656) qui, malgré son origine espagnole est, avant tout, italien et napolitain de formation et d'adoption. Nous avons ici son *Martyre de Saint Laurent* (Pinacothèque du Vatican) [N], violent et dramatique. Vélasquez (1599-1660), plus purement espagnol, nous a accueillis, dès l'entrée, avec ses deux portraits du roi Philippe IV et de son frère l'Infant Ferdinand, tous deux en costume de chasse (Madrid, copies par Guignet). Un des attraits de cette salle est la belle copie qu'a exécutée Henri Regnault d'après les *Lances,* ou plutôt la *Reddition de Breda,* le tableau qui synthétise l'art de Vélasquez (Madrid).

Les Ecoles du Nord sont représentées par quelques tableaux : l'Ecole allemande par Holbein le jeune (1497-1543) avec le sobre portrait de sa femme et de ses enfants, bien rendu par Henner (Musée de Bâle) [O]; l'école flamande par Rubens (1577-1640) avec un panneau du triptyque de la *Pêche miraculeuse,* à Notre-Dame de Malines (1618) (Lessone) [O].

Les Hollandais ont uniquement délégué Rembrandt (1606-1669). Sur le mur Ouest sont disposés : l'*Officier de fortune* (Van Thust), un *Portrait de vieillard,* aux Offices de Florence (W. Dannat) et un *Portrait de Saskia,* la femme de l'artiste, au musée de Stockholm (Breda) ; sur la paroi Est une œuvre plus vulgarisée, la *Leçon d'anatomie,* du musée de La Haye, reproduite par Bonnat.

La France, dans cette salle, nous offre le *Martyre de Saint Erasme* composé par Poussin (1613-1675) pour Saint-Pierre de Rome (Pinacothèque du Vatican, copie par Martin) [O]. Ce tableau occupe une place à part dans l'œuvre de Poussin. Non seulement c'est le plus vaste de ses tableaux, mais encore nous remarquerons le sujet qu'a choisi Poussin. Il semble qu'à ce moment, 1624-1628, c'est-à-dire les premières années de son séjour à Rome, Poussin ait subi, comme tant d'autres, l'attraction du Caravage et aussi de ses imitateurs qui exagérèrent, comme il arrive toujours, la tendance de leur modèle vers les sujets horrifiants. Le peintre poète et philosophe a voulu à son tour traiter un épisode non moins dramatique. Mais, à la différence des émules du Caravage pour qui l'anachronisme est de règle, Poussin, épris de l'antiquité, a su donner à son tableau une couleur historique, le « situer ». Par un détail, la statue de ce Dieu au masque sournois et féroce, il rappelle le sadisme de la Décadence romaine.

SALLES A DROITE DE LA SALLE MELPOMÈNE

Nous ressortons de la salle Melpomène et, dans le vestibule, nous trouvons à droite une porte qui ouvre sur une enfilade de quatre salles (¹).

Première salle

Dans la première salle nous trouvons d'abord des Ombriens : une *Annonciation*, par Melozzo da Forli (1438-1494) (Lefeuvre); Pinturicchio représenté par deux de ses fresques à la chapelle Bufalini de Santa Maria in Aracoeli, à Rome: un groupe de personnages suivant le cortège funèbre de Saint Bernardin de Sienne et l'Exposition du corps de ce saint (Dupas et Guillin); puis une fresque attribuée sinon à ce maître, du moins à son école, la *Vierge entre saint François d'Assise et sainte Claire* (Laurent), à la Chapelle Cibo de San Cosimato, au Transtévère, à Rome. Du Spagna (1507-1530) qui fut, comme Pinturicchio, l'élève du Pérugin, une fresque peinte pour le château de la Magliana: *Apollon avec les Muses* (Palais des Conservateurs, à Rome).

L'Ecole florentine nous donne la *Mort de sainte Catherine d'Alexandrie,* que peignit Masaccio, à Saint-Clément de Rome, lors de son voyage en 1417 (Billotey); un fragment de la *Visitation* de Ghirlandajo, à Sainte-Marie-Nouvelle de Florence (Roganeau) et la

---

(1) Ces salles étant plus petites que la Melpomène et, par conséquent, les recherches se trouvant facilitées, nous jugeons inutile de continuer à indiquer l'emplacement des tableaux sur les murs.

grisaille de la *Charité,* par A. del Sarto, au cloître des Scalzi, à Florence (Gibert).

Nous pouvons suivre l'Ecole vénitienne à ses périodes les plus diverses : Carpaccio dont les œuvres sont dispersées dans l'Ecole (voy. pp. 42 et 90), offre ici un *Saint Etienne disputant avec les docteurs* (Sabatté) ; ensuite les trois grands protagonistes du xvie siècle vénitien : l'*Amour sacré,* de Titien, reparaît ici (voy. p. 42), interprété par Girodon ; puis le groupe principal de *Bacchus et Ariane* qui se trouve dans la salle de l'Anticollège au Palais des Doges, à Venise (Roger) ; enfin un Véronèse, *Saint Jean-Baptiste prêchant,* de la Galerie Borghèse, à Rome (Bodard). Sans le Musée André et ses fresques de la villa Lemmi, nous n'aurions à Paris aucune des grandes œuvres décoratives de Giambattista Tiepolo (1696-1770). Ici, se trouve la copie par Comerre du fragment d'une fresque qui caractérise bien le génie fantaisiste et aérien de Tiepolo : *Antoine et Cléopâtre quittant l'Egypte,* du Palais Labia, à Venise.

Le mur Sud est réservé aux Espagnols. D'abord, Ribera, trait d'union entre l'Italie méridionale et l'Espagne et dont voici une œuvre représentative : le *Martyre de saint Barthélemy,* au Musée du Prado, à Madrid (Cayraud). Il sépare deux Vélasquez : les *Buveurs* (Musée du Prado), œuvre de jeunesse où le peintre de la Cour de Madrid montre son intérêt pour la vie populaire (William Laparra) et le groupe central des *Ménines* (Monchablon) dont un relevé intégral se trouve dans la troisième salle.

Deuxième salle

Nous retrouvons Vélasquez avec le dramatique *Christ en croix* (Porion) du Prado et avec les *Fileuses* (Colin) (même musée), peintes par le maître à la fin de sa vie, un de ses tableaux les plus captivants par la magie des couleurs. Non loin des *Fileuses*, nous voyons le *Moine en prières*, de Zurbaran (1589-1662), intitulé à tort *Saint François*, jadis propriété de Louis-Philippe qui le prêta au Musée du Louvre. Ce tableau, qui fut vendu après la mort du roi, appartient aujourd'hui à la National Gallery de Londres (A. de Beaulieu).

Dans la même salle, se trouvent quelques copies des Ecoles du Nord : nous avons de Rubens un portrait d'Isabelle Brandt, sa première femme, aux Offices de Florence (W. Dannat) ; Franz Hals, dans ses *Officiers du tir de Saint Georges*, à l'Hôtel de Ville de Harlem (Vollon), œuvre d'un entrain extraordinaire, traduit ces fêtes de corporations opulentes et gaies qui ont trouvé également en Van der Helst (1613-1670), l'auteur du *Repas des Gardes civiques* (Musée d'Amsterdam. Copie par Colin père et fils), un incomparable interprète. On remarquera aussi deux Rembrandt, le portrait de l'artiste au même musée où il nous apparaît comme un Prince charmant plein d'entrain ; puis les *Syndics des Drapiers*, sommet de la peinture, tableau qui nous montre comment d'une réunion de bourgeois sans relief un artiste de génie peut tirer une œuvre étonnante par sa vie intérieure et concentrée.

Le plus ancien des Italiens, qui figurent dans cette salle, est Filippo Lippi, dont Jean-Paul Laurens traduit l'émouvante fresque du Carmine de Florence : *Saint Paul parlant à Saint Pierre*. Nous retrouvons Raphaël dans des détails de ses compositions pour les Chambres du Vatican : la *Justice* (Devambez) (voy. p. 40) et trois fragments des tableaux de la Chambre d'Héliodore : *Héliodore chassé du temple de Jérusalem* (Brandot) le groupe à gauche formé par le pape Jules II et les porteurs de sa Sedia; de la *Messe de Bolsène,* Jules II en prières (Pinta) et ces cinq Gardes suisses agenouillés qui offrent une des créations les plus frappantes et les plus vivantes de Raphaël (Lematte); enfin, de la *Délivrance de saint Pierre* (Chifflot), le motif de l'ange qui fait sortir Saint Pierre de sa prison. L'ensemble de la Chambre d'Héliodore est complété par l'*Attila arrêté aux portes de Rome*, que nous pouvons voir dans la salle Melpomène (Mur Est. Copie par Bon Boullongne, XVIIᵉ siècle).

Nous retrouvons un extrait du *Jugement dernier* de Michel-Ange, la barque de Caron assaillie par les damnés (Lenepveu). La *Déposition de croix*, d'André del Sarto (Palais Pitti) (Chartran), fournit un excellent exemple de l'art de cet artiste, merveilleux pour la composition et le coloris, mais trop souvent dépourvu de sensibilité.

Les autres peintres que nous rencontrons ici, sont des peintres du Nord : Benvenuto Tisi, dit le Garofalo (1481-1559), relie les Vénitiens à Raphaël. C'est un raphaéliste coloré, comme en témoigne sa *Déposition de croix,* au Palais Borghèse (A. de Conninck), un peu pauvre d'invention. Nous trouvons ensuite des Vénitiens : d'abord une *Vierge entre saint Georges et saint Paul,* peinte par Giovanni Bellini au cours de la dernière période de sa vie et dont, pourtant, le coloris, la finesse des figures accusent une persistante jeunesse (Lavergne). Ensuite, deux Titien : la *Toilette de Vénus* (Mottez), dont l'original est à l'Ermitage de Pétersbourg et qui nous offre le type féminin propre à ce maître; un fragment de la *Madone de Saint Nicolas des Frari,* à Venise, aujourd'hui à la Pinacothèque du Vatican, comprenant lc groupe des évêques accompagnant un beau saint Sébastien.

Véronèse nous donne son *Mariage de sainte Catherine* (Chartran), à Sainte-Catherine de Venise, considéré comme le plus beau de ses tableaux d'autel, aussi bien par la composition et le coloris aux tons argentés, que par la facture large et la beauté juvénile des figures de femmes et d'anges; et la *Descente de croix* (Ris), à l'Ermitage de Pétersbourg, où le peintre des fêtes et des banquets montre plus de sensibilité qu'il n'en accuse d'ordinaire.

Du Caravage, en quelque manière l'héritier et le fils spirituel des Vénitiens, nous avons ici le motif central de la *Mise au tombeau* que possède la Pinacothèque du Vatican et dont nous verrons, tout à l'heure, une copie intégrale (Cayraud).

C'est sur un tableau de Poussin que nous quittons cette salle. Copie contemporaine de l'œuvre et très intéressante, puisqu'elle a pour auteur Jacques Stella (1596-1657), l'élève et l'ami de Poussin. C'est une des

Bacchanales exécutées pour le château de Richelieu. L'original de celle-ci appartient à M. Paul Jamot. Poussin n'a jamais rendu avec plus de force l'ivresse et l'excitation dionysiaques qui transportent nymphes et satyres.

Troisième salle

Nous retrouvons encore Raphaël avec deux fragments des Chambres : une troisième partie de la *Messe de Bolsène,* où le peuple se presse pour acclamer le miracle (Clément) et le haut de la *Dispute du Saint-Sacrement,* qui offre le Christ et Saint Jean (Prevost); puis avec deux des grands tableaux qu'il exécuta pendant la période romaine et qui nous montrent la Vierge, non plus comme une simple mortelle attentive à son enfant, mais en apothéose, élevée sur des nuées. Le plus ancien de ces deux tableaux, la *Vierge de Foligno* (1512) (Schommer), est au Vatican. Marie est adorée par saint Jean-Baptiste, saint François, saint Jérôme devant qui s'agenouille le donateur Sigismondo Conti. La *Madone de Saint-Sixte* est postérieure de quelques années. On pense que ce fut primitivement une bannière de procession. La Vierge et Enfant Jésus se dressent entre le pape Sixte et sainte Catherine (musée de Dresde).

Michel-Ange est représenté dans cette salle par deux des figures de la chapelle Sixtine : *Isaïe* qui sort de son rêve et *Adam* que Jéhovah appelle à la vie dans la *Création de l'Homme.*

Nous trouvons ensuite plusieurs peintres du Nord. Voici Boccaccino (1467-1524), le chef de l'Ecole crémonaise, fortement influencé par les Vénitiens, notamment par Giovanni Bellini. Sa Madone assise en plein air, au milieu de quatre saints (Académie de Venise), est non seulement une œuvre pleine de charme, mais elle marque un point important dans l'histoire de l'art italien. C'est un des premiers spécimens de ces tableaux, appelés *Sacre conversazioni* (Saintes conversations), dans lesquels les saints s'entretiennent entre eux au lieu de rester plongés dans une rêverie solitaire. De Carpaccio, l'amusant conteur, nous retrouvons deux épisodes de la Légende de Sainte Ursule : la *Réception des ambassadeurs d'Angleterre* (Blanchard) qui viennent demander la main de la princesse Ursule et le *Départ de ces envoyés* (Lecomte du Nouy).

Le *Retour de l'Enfant prodigue* (Galerie Borghèse, Rome, copie par Plantet) pittoresque et coloré, est une des meilleures œuvres du dernier représentant de la famille Bonifazio de Vérone, Bonifazio Veneziano (1487-1553). D'un autre Véronais, plus célèbre, Paul Véronèse, nous avons ici la reproduction d'un groupe appartenant à une œuvre tout à fait importante, le plafond de la salle du Grand-Conseil au palais des Doges, *Venise couronnée* (Toudouze), puis le *Martyre de Saint Georges* (Fournier) où l'horreur et même toute émotion disparaissent devant le coloris et la splendeur du décor.

Le Caravage, au contraire, dans la *Mise au tombeau* (Pinacothèque du Vatican, copie par Perrin), renonce à tout agrément extérieur et, dans cette œuvre austère et forte, concentre notre attention sur le sujet même.

L'influence du Caravage a été grande sur les Napolitains parmi lesquels il a vécu, mais, avec leur nature libre, ils ont pris chez lui ce qui leur convenait. Cette salle contient une œuvre du plus attirant d'entre eux par son intelligence, ses dons de poète et de satiriste en même temps que ses qualités de peintre : la *Forêt des Philosophes,* philosophes à la morale toute particulière, par Salvator Rosa (1615-1673) (Lanoue).

Naples nous fournit une occasion excellente pour passer en Espagne et pour retrouver Vélasquez, avec ses deux grands portraits équestres du roi Philippe IV et de son ministre le comte d'Olivarès, témoignages impressionnants d'une époque où, sous le faste et la majesté du décor, se consomme la ruine de la monarchie espagnole. Si nous les considérons au seul point de vue technique, ces deux tableaux qui sont au Musée du Prado (copies par Prévost), caractérisent la seconde manière de Vélasquez après son premier voyage d'Italie, en 1629.

Les *Ménines,* dites aussi *Famille de Philippe IV,* dont cette salle offre une copie complète, indique une troisième manière plus large, plus impressionniste. Les personnages que nous voyons, sont, en plus du peintre lui-même, du roi Philippe IV et de la reine Marianne d'Autriche qui sont réfléchis par un miroir, la petite princesse Marguerite (celle dont le Louvre possède un charmant portrait) entourée de ses suivantes (meninas), d'un chambellan et de nains.

Comme précédemment, Poussin représente seul les Français, cette fois avec une composition historique, la *Mort de Germanicus,* exécutée pour les Barberini dont elle orne encore le palais à Rome (Sanès).

La *Sainte famille* de Rubens, qui retient ensuite notre attention, pare la chapelle de l'église Saint-Jacques à Anvers, où le prodigieux créateur dort son dernier sommeil. Il semble qu'il ait voulu mettre là tout le coloris magique dont il était capable.

De son élève Van Dyck (1599-1641), on voit ici un des tableaux les plus prenants aussi bien par l'ambiance aristocratique, la délicatesse des couleurs que par le naturel des petits personnages : les *Enfants de Charles Ier d'Angleterre*, ce roi dont le Louvre possède le beau portrait que l'on sait. Les enfants qui sont représentés ici sont ses trois aînés : les futurs Charles II et Jacques II et la future princesse d'Orange-Nassau (Pinacothèque de Turin, copie par Jules de Vignon).

A côté, tel un rustre égaré dans un salon, le chef-d'œuvre de l'animalier hollandais Potter, son *Taureau* du musée de La Haye (Lanoue).

Quatrième salle

Les deux Italiens du xve siècle les plus opposés par le caractère s'affrontent : le doux Angelico, dont nous voyons une des fresques qui ornent la chapelle de Nicolas V, au palais du Vatican, *Saint Etienne prêchant sur une des places de Jérusalem* (Lebayle) et le dur Mantegna avec sa *Vierge* de Saint-Zénon de Vérone, aux contours tranchants (Delangle). C'est ce triptyque dont trois compositions, aujourd'hui en France, le *Jardin des Oliviers* (Tours), la *Mise en Croix* (Louvre) et la *Mise au tombeau* (Tours), formaient la prédelle, c'est-à-dire le panneau inférieur.

Au xve siècle se rattache une des premières œuvres de Léonard de Vinci, l'*Annonciation* (Musée des Offices, à Florence) dans laquelle l'élève de Verrocchio se montre sous l'influence de son maître et des Quattrocentistes florentins, au point qu'on a pu attribuer ce tableau à Lorenzo da Credi ou à Ghirlandajo.

De Bernardino Luini (1470-1532), disciple de Vinci, nous voyons ici une des fresques exposées au Musée de la Brera, à Milan : la *Vierge avec l'Enfant Jésus et sainte Anne* (Popelin).

La copie du *Mariage de la Vierge,* du Pérugin (Musée de Caen, copie par Quantin), nous permet une comparaison avec la composition analogue de Raphaël qui s'en inspire (voy. p. 39). D'un autre élève du Pérugin, Pinturicchio, nous avons ici une figure, la *Rhétorique,* empruntée aux appartements Borgia, du Vatican (Larée), et une *Adoration de l'Enfant Jésus* qui décore la chapelle de la Rovère à Sainte-Marie-du-Peuple, à Rome (Leleux).

Raphaël, au début de sa carrière, refléta d'autres influences que celles de son maître le Pérugin, et principalement celle de Fra Bartolomeo (1475-1517). Nous pouvons nous faire une idée du génie de ce dominicain artiste par la copie (Sturler) de son chef-d'œuvre, la *Descente de croix* (Florence, palais Pitti), d'un dramatique contenu dans ce geste de la mère qui dépose un dernier baiser sur le front de son fils.

De Raphaël nous voyons encore un fragment de la *Dispute du Saint-Sacrement,* copié par M. Albert Besnard, puis une des plus délicates compositions des

Loges (voy. p. 77-80), *Adam et Eve* (Mottez), ensuite la
Vierge au Poisson (Musée du Prado, Madrid, copie
par Backer), appartenant à la même série que la
Vierge de Foligno et que la *Vierge de Saint-Sixte*
(voy. p. 50), enfin le personnage du possédé dans son
dernier tableau que l'artiste laissa inachevé, la
Transfiguration. C'est, par son caractère horrible et
pitoyable, une figure exceptionnelle dans l'œuvre d'un
artiste tourné avant tout vers la beauté sereine
(Michel).

Il est intéressant de confronter cette figure avec un
personnage de même nature, le possédé que guérit
saint Nil, dans une des fresques composées par le
Dominiquin, le peintre du xviie siècle qui présente le
plus d'affinités avec Raphaël, pour l'abbaye de Grotta
Ferrata (Bézard).

La salle précédente nous a donné l'occasion de
parler des Bonifazio de Vérone (voy. p. 51), à propos
du second de ces artistes, dit Veneziano. Voici maintenant une des plus belles œuvres de son aîné, Bonifazio Véronèse (mort en 1540) : le *Moïse sauvé des
eaux* (Brera, Milan, copie par Alexandre) tellement
riche comme technique qu'on a pu l'attribuer à Giorgione.

L'Espagne est ici représentée par deux œuvres
secondaires : l'une de Ribera, *Saint Stanislas avec
l'Enfant Jésus*, de la galerie Borghèse, à Rome (Lafon)
et l'autre, attribuée à Vélasquez, une *Dame au gant*
(Cornu) qui a fait partie de la collection Aguado.

C'est enfin sur le portrait de son fils Titus par

Rembrandt (Mlle Van Tuyll), autrefois dans la collection du roi de Hollande que nous quittons cette salle.

LE VESTIBULE DU QUAI MALAQUAIS ET LA SALLE
DES EXPOSITIONS

Cette partie de l'Ecole, affectée à des expositions temporaires, n'est ouverte qu'à leur occasion. Le vestibule renferme ces copies, par Paul Baudry, de figures et de sujets de la chapelle Sixtine dont nous avons parlé (voy. p. 38). On accède à la salle du premier étage par un double escalier. Sur le palier de la branche gauche (en sortant de la Melpomène), nous voyons une copie par Riesener du *Saint François d'Assise,* de Rubens, qui se trouve au musée d'Anvers et qui fut exécuté en 1619, une des œuvres où le maître flamand se domine le plus et atteint la perfection, aussi bien en ce qui concerne la composition que le coloris.

Dans la salle du premier étage, gardée par deux copies d'antiques en marbre : le *Faune au chevreau* (Tournois) et la *Vénus de Porta portuese* (Cugnot) nous trouvons des œuvres d'écoles différentes. D'abord des Vénitiens : la *Vierge et l'Enfant* (1505), œuvre de la maturité de Giovanni Bellini et qui marque l'apogée de son talent (Eglise san Zaccaria, à Venise, copie par Forgeron); puis le chef-d'œuvre de Pâris Bordone (1500-1571), évocation magnifique par le coloris, la richesse des costumes, d'une assemblée au milieu de laquelle un pêcheur remet au doge un anneau que saint Marc lui a donné (Académie de Venise, copie par

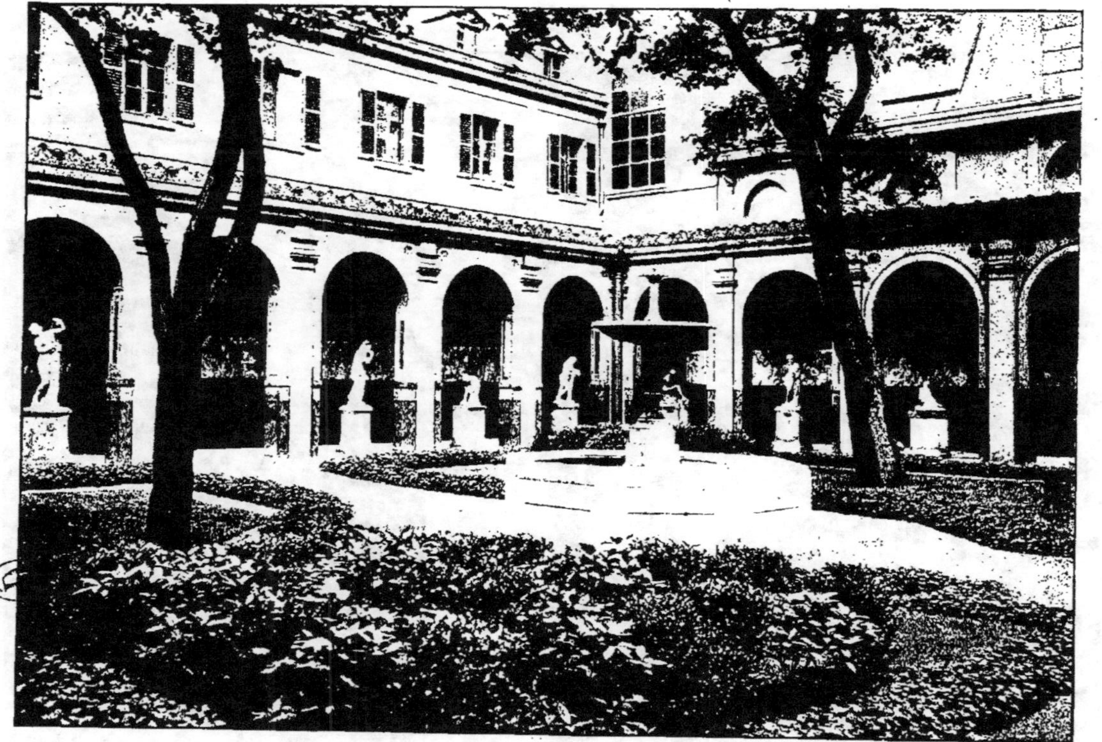

La Cour du Mûrier.

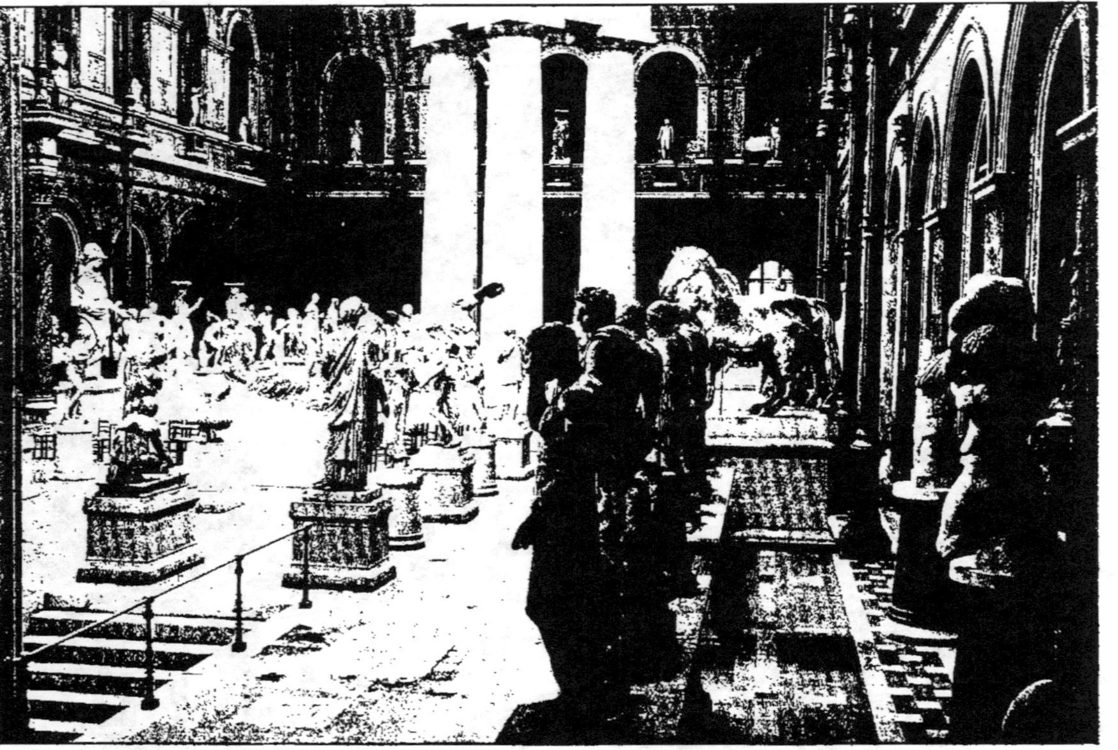

La Cour vitrée.

Maréchal fils). A cet éclat vénitien les Florentins opposent des œuvres aux tonalités plus atténuées. Ghirlandajo conte la *Naissance de la Vierge* dans une page d'un délicieux anachronisme (Fresque de Santa Maria Novella, à Florence, copie par Bourgeois). Andrea del Sarto offre ici sa *Madone au Sac* qui est, avec la *Cène,* son œuvre la plus colorée et la plus expressive (Cloître de l'Annunziata, à Florence, copie par Barrias).

Enfin, trois relevés de Monchablon nous permettent d'achever notre étude de l'œuvre de Raphaël ; ils reproduisent les cartons pour les Tapisseries du Vatican. Ces cartons, composés en 1516 et 1517, sont maintenant au British Museum de Londres. Peu d'œuvres de Raphaël ont eu autant d'influence, surtout hors d'Italie, que ces cartons apportés de bonne heure en Flandre, et vulgarisés aussi par des copies ou des estampes. Les Français du xviie siècle, notamment ceux qui n'ont pas voyagé en Italie, comme Le Sueur, leur doivent beaucoup. Ces cartons traitent des sujets empruntés à l'histoire des Apôtres. Nous voyons ici *Saint Paul prêchant à Athènes, Saint Paul et saint Barnabé à Lystra,* enfin la *Mort d'Ananie* foudroyé pour avoir menti à Saint Pierre.

SALLES A GAUCHE DE LA SALLE MELPOMÈNE

Sur le vestibule de la salle Melpomène, face à la cour du Mûrier, une autre enfilade de salles s'ouvre à gauche.

La première de ces salles contient des relevés extraordinaires — il n'est pas d'autre mot — par leur fidélité en même temps que par leur don rare de compréhension. Nous devons ces copies à M. Yperman, l'admirable restaurateur des fresques d'Avignon. Au moyen de simples aquarelles, malgré la différence de matière et la réduction d'échelle, il a su rendre les fresques du Campo santo de Pise et de la cathédrale d'Orvieto. Nous nous plaisons de nouveau aux ravissantes histoires racontées par ce grand enfant de Benozzo Gozzoli sous le portique du cimetière de Pise: Les *Vendanges* et l'*Ivresse de Noé* avec la célèbre figure de femme (la *Vergognosa*) qui se cache le visage avec une main dont elle prend soin d'écarter les doigts, la *Naissance de Jacob, Jacob et Esaü, Joseph reconnaissant ses frères;* enfin une *Vierge* de Taddeo Gaddi. M. Yperman s'assimile avec la même dévotion intelligente les maîtres les plus différents. Il comprend aussi bien l'énergique Signorelli que le charmant Gozzoli. Il nous donne une impression parfaite de ces grandes épopées d'Orvieto qui précèdent et annoncent Michel-Ange : la *Chute de l'Antechrist,* avec le détail des deux personnages qui représentent suppose-t-on, l'Angelico et Signorelli; la *Fin du monde* et la *Résurrection de la chair.*

Il y a un troisième groupe de copies (à l'huile) des fresques, encore différentes d'esprit que le Ferrarais Francesco Cossa (1435-1477), au pinceau âpre et rugueux comme un vin un peu dur, peignit au Palais Schifanoja à Ferrare, demeure de plaisance de la famille d'Este. Ces fresques retracent, à défaut d'exploits, les divertissements du duc Borso d'Este qui acheva le palais.

Nous voyons ce prince en compagnie de son bouffon; nous assistons à une course extravagante entre des hommes, des femmes, des ânes et des chevaux ; nous prenons part au retour de la chasse. A côté, quelques-unes des figures allégoriques et des Signes du Zodiaque qui accompagnent cette curieuse décoration.

Dans cette même salle, se trouve une estimable copie de *Saint Augustin enseignant,* une des fresques de Benozzo Gozzoli à l'église Saint-Augustin de San Gimignano (Sieffert).

Les salles suivantes contiennent une partie des morceaux de sculpture qui ont valu à leurs auteurs le prix de Rome. Ce sont des bas-reliefs ou des statues. Un grand nombre de ces œuvres fragiles n'ont pas survécu et beaucoup manquent à l'appel. La collection de ces sculptures est loin d'être aussi complète que celle des prix de peinture. D'œuvres antérieures à la Révolution, nous ne possédons plus que le bas-relief de Bouchardon (1722), placé sur le mur du passage qui fait communiquer la deuxième salle avec la troisième: *Gédéon choisit ses soldats en observant leur manière de boire.* Plus encore que les peintures, ces ouvrages donnent bien l'impression de devoirs d'élèves. On songe avec mélancolie que, pour beaucoup de lauréats, cette récompense constitue le seul titre de gloire et que leurs noms ont sombré dans l'oubli. Pour le petit nombre d'artistes devenus célèbres, ces productions sont parfois déconcertantes. Qui pourrait deviner le génie de Carpeaux d'après son *Hector et Astyanax* qu'il exécuta en 1854 ? Outre ce morceau et, comme souvenirs des débuts d'artistes consacrés, nous signalons parmi les bas-reliefs, ceux de Lemot (1790), de Simart (1833), de Chapu (1855), de Falguière (1859), de Barrias (1865), — parmi les statues, celles de Guillaume (1845), de Carpeaux (1854), de Mercié (1868), d'Injalbert (1874), de Puech (1884).

Sur la plinthe, tout autour de la salle, ont été placées les petites esquisses modelées : une des premières est celle de Barye. Plus loin, on retrouvera l'esquisse de Carpeaux.

Dans la salle suivante, sont exposées les maquettes pour le grand prix de gravure en médailles, accompagnées des coins correspondants. On peut voir les morceaux de concours de plusieurs des grands médailleurs modernes : Jules Chaplain (1863), Dupuis (1872), Roty (1875), avec un *Berger* inspiré de l'*Œdipe* d'Ingres, Patey (1881), Vernon (1887).

La dernière salle, dédiée au comte de Caylus qui fonda en 1760 le prix de la Tête d'expression, conserve un monument à ce bienfaiteur, consistant en un médaillon supporté par un chapiteau qui repose à son tour sur un fragment de fût de colonne. Tout autour, sur des étagères, sont rangées les têtes d'expression modelées, dues à des sculpteurs. Ce sont là œuvres d'écoliers, parmi lesquelles on pourra examiner avec curiosité les essais de Cortot (1810), de David d'Angers (1811), de Rude (1812), de Denys Puech (1882).

En sortant du bâtiment de la Melpomène, on peut

voir dans le vestibule de l'Administration, quelques bas-reliefs, morceaux de réception à l'Académie, que possède encore l'Ecole : la *Charité romaine* (1681), de Jean Cornu; le *Temps découvrant la Vérité* (1701), par Frémin (1672-1744); l'*Alliance de la France et de la Savoie* (1703), par Claude Poirier; de plus, un *Combat de Gladiateurs,* par Legros (1629-1714), qui provient de la collection Panckoucke. Dans la cour d'honneur de l'hôtel de Chimay, une *Minerve* du XVIIe siècle.

Pour revenir à la cour de la rue Bonaparte, nous retraversons la cour du Mûrier. Dans le cabinet des professeurs, commun au deux salles dont les portes ouvrent sous le portique, se trouve le tableau exécuté par Madame Therbousch (Anne-Dorothée Lisiewska) pour sa réception à l'Académie de peinture en 1767 : *Un buveur. Effet de lumière.* On gagne ensuite le vestibule dont le principal ornement est le monument à Ingres dû à la collaboration de Duban (architecture), et de Guillaume (sculpture). Sur le socle sont figurés deux médaillons où revivent deux fidèles disciples d'Ingres : Hippolyte Flandrin et Simart.

Dans une des deux salles de cours, qui ouvrent sur ce vestibule et que garnissent des esquisses peintes ou modelées — autres devoirs scolaires parmi lesquels nous retrouvons encore des souvenirs d'artistes parvenus à la célébrité —, on admirera une très belle fonte en bronze, datée de 1780, d'un des deux *Ecorchés* de Houdon, celui qui a le bras levé.

Les plâtres originaux de ces *Ecorchés* se trouvent dans l'amphithéâtre d'anatomie, qui touche le bâtiment des Loges (voy. p. 9). Dans ce même amphithéâtre, on verra une très curieuse étude de Louis David pour son tableau de l'*Enlèvement des Sabines,* figure de guerrier traitée mi-partie en écorché et en squelette. Nous signalons aussi de beaux dessins d'anatomie par Barye.

III. — LE PALAIS DES ÉTUDES

LE REZ-DE-CHAUSSÉE

Le vestibule

Tout autant que la façade, le vestibule accuse le goût délicat de Duban. La monotonie, dans cette longue galerie aux murs de pierre sans ornements, est évitée par le plafond blanc et or et par les deux colonnes de marbre rouge, placées à la partie centrale d'où partent les deux escaliers du premier étage et d'où l'on accède à la cour vitrée, la grande salle du musée de moulages.

Ce musée a été organisé pour offrir, aux futurs artistes, des modèles. Ce n'est pas une galerie constituée pour l'étude de l'histoire de l'art, et, par conséquent, rangée avec le souci d'observer la chronologie. Aussi, afin d'éviter des zig-zag et des chassés-croisés continuels, devrons-nous examiner les œuvres dans l'ordre où elles se présentent à nous.

Le vestibule offre plusieurs ensembles qui appartiennent à des périodes différentes de l'art grec. Pour suivre, autant que possible, un ordre rationnel, nous allons examiner d'abord les monuments d'Egine contre le mur intérieur du bras droit de la galerie. Ils proviennent du temple de Pallas qui fut construit dans l'île d'Egine, au lendemain des guerres médiques, après 480 av. J.-C. Ses deux frontons représentaient des scènes identiques, inspirées par la Guerre de Troie, offrant, par suite, des allusions à la lutte récente contre les Asiatiques. Les originaux, découverts en 1811, se trouvent aujourd'hui à la Glyptothèque de Munich. Ici, le fronton occidental est le seul qui soit reconstitué : Les Grecs à gauche, les Troyens à droite se trouvent aux prises, dominés et séparés par la figure hiératique de Pallas. Du fronton oriental on ne voit (à côté du fronton occidental) que des groupes isolés, et notamment, le morceau principal : Hercule agenouillé, tirant de l'arc, remarquable par sa netteté et son équilibre.

Les statues d'Egine, malgré leur finesse nerveuse, témoignent encore de quelque raideur et se rattachent à la période archaïque. Les sculptures du Parthénon nous montrent le progrès étonnant qui s'accomplit en quelques années. L'art grec atteint rapidement une perfection et une splendeur qu'il ne dépassera pas. Avant 480, un temple unique, bâti sur l'Acropole, colline sainte et citadelle, associait le culte de Pallas Athéna à celui d'Erechthée, roi légendaire de l'Attique. Les Perses détruisirent ce sanctuaire. Après qu'ils furent vaincus et chassés, un second temple à double fin fut commencé, mais il ne fut jamais terminé. Sous Périclès, on décida d'affecter à Pallas un seul édifice, le Parthénon, dont le nom rappelait la virginité de la déesse ou encore les jeunes filles, ses adoratrices.

Les travaux, commencés en 447, furent terminés quinze ans plus tard.

Le long du vestibule, nous voyons, à la partie supérieure du mur intérieur, la suite des métopes du Parthénon (plaques rectangulaires qui se déroulent, dans un temple grec, le long du bandeau entre le chapiteau des colonnes et le toit). Ces métopes représentaient, sur trois des façades, la bataille entre les Lapithes et les Centaures (monstres mi-hommes, mi-chevaux) qui, invités par le roi des Lapithes aux noces de sa fille, s'étaient grisés et avaient voulu enlever les femmes de leurs hôtes. Ceux-ci, finalement, les avaient défaits et massacrés avec le concours des Athéniens commandés par Thésée.

Une autre frise régnait à l'intérieur de la colonnade, tout le long des murs de la cella ou sanctuaire. Avec la majorité des sculptures du Parthénon, elle se trouve au British Museum, à Londres. Un moulage de cette frise qui, on le sait, représente le cortège des fêtes de Pallas Athéna, les *Panathénées,* décore, à l'Ecole des Beaux-Arts, les murs de la cour du Mûrier (p. 34).

Dans l'axe de la galerie où nous nous trouvons, on a groupé, comme on l'a fait à Londres pour les originaux, les statues, malheureusement très mutilées, qui garnissaient les frontons triangulaires Est et Ouest du Parthénon. Le fronton oriental montrait la Naissance d'Athéna jaillissant du crâne de Zeus que soulage le coup de hache donné par Héphaistos (Vulcain). Les Dieux assistent à cette opération. En allant du centre vers la gauche, nous trouvons Iris qui annonce l'événement, puis Déméter et Coré. Ensuite, une

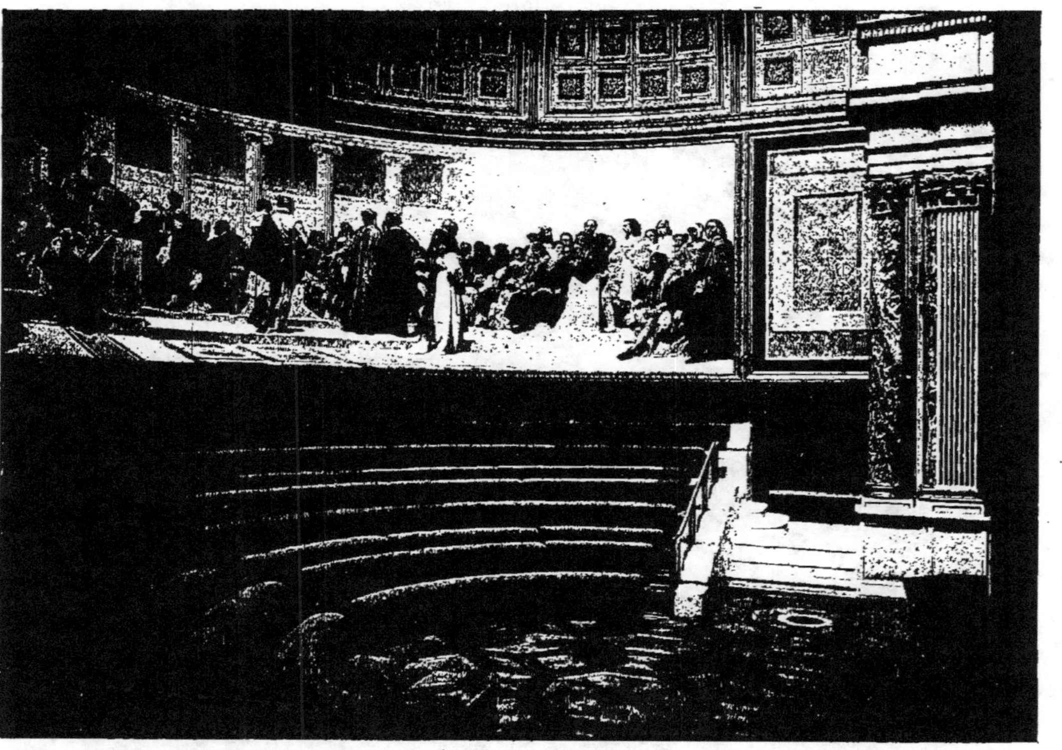

L'Hémicycle.

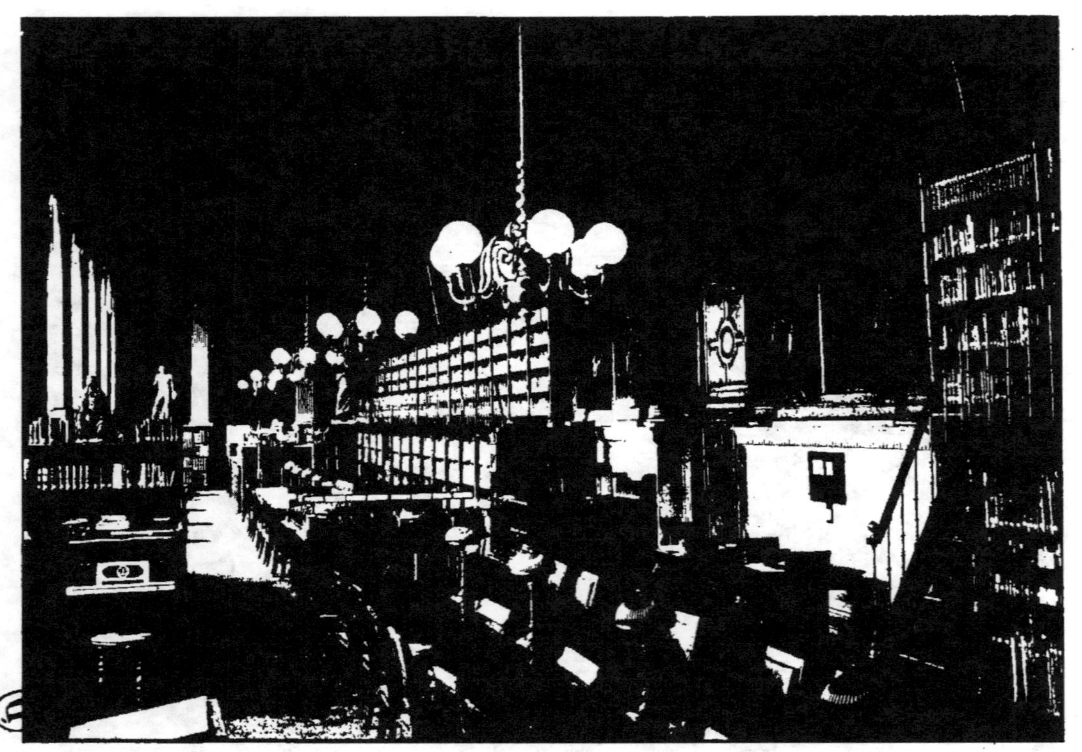

La Bibliothèque.

figure couchée, probablement Dionysos. A l'extrémité gauche, Hélios (le Soleil) guide son char. A l'extrémité droite, Séléné (la Lune) lui sert de pendant dans une action identique. Nous voyons aussi les statues des Parques qui, d'ailleurs, appartiendraient plutôt au fronton occidental. Ces Parques sont une des créations les plus troublantes du génie hellénique, image aimable et presque voluptueuse de la mort.

Le fronton occidental illustre un épisode essentiel pour la légende des origines d'Athènes. Poseidon et Athéna se disputent la possession de l'Attique. Zeus, pour les mettre d'accord, établit un concours : chaque divinité offrira au pays qu'elle convoite, le bien le plus précieux. Poseidon fait jaillir du sol un cheval ou, suivant une variante, une source d'eau salée. Athéna, elle, fournit un simple olivier. Elle obtient la victoire.

Le motif central est constitué par les deux divinités rivales : le quadrige d'Athéna à gauche, celui de Poseidon à droite, se détachent symétriquement. Sur le char de la déesse se tient Niké, la Victoire, et, à côté, Hermès. Amphitrite trône sur le char de son mari Poseidon. Athéna et Poseidon sont suivis de deux cortèges. Athéna a, derrière elle, le roi Cécrops, ses trois filles et son jeune fils effrayé. A l'extrémité gauche du fronton, un fleuve, l'Illissus ou le Céphise, était couché à l'intérieur de l'angle aigu que forme la réunion des deux corniches du fronton. L'aile droite nous offre, à la suite du char de Poseidon, la famille d'Erechthée, autre prince mythique, puis un groupe dans lequel on a voulu reconnaître successivement l'Illissus et Callirhoé, ou encore le héros Boulès avec sa femme Zeuxippe.

Contre la partie gauche du mur du vestibule sont placés les moulages des Niobides. On connaît le sujet qui a inspiré ce groupe. Niobé, trop fière d'une nombreuse progéniture, avait offensé Latone moins féconde, mais, en revanche, mère de deux grandes divinités, Apollon et Artémis, qui la vengèrent en tuant, à coup de flèches, Niobé, ses enfants et jusqu'à ses serviteurs. Ces statues, découvertes au xvi⁰ siècle à Rome, paraissent être les copies assez imparfaites d'originaux grecs du iv⁰ siècle avant J.-C. Le sujet et la manière dont il est traité, indiquent les tendances de la sculpture grecque, un siècle après Phidias, tendances vers le sentiment et le pathétique. La disposition de ces statues, telle que nous l'avons ici, est arbitraire; il y a tout lieu de croire que ces statues s'étageaient sur des rochers assemblés pour la décoration d'un parc.

Ces tendances vers un pathétique éloquent ne firent que s'accentuer, ce que prouvent le grand bas-relief, placé à l'extrémité gauche de la galerie, et des fragments que nous verrons dans une autre salle. Ils reproduisent des parties du grand autel érigé à Pergame, en Asie Mineure, au ii⁰ siècle avant J.-C. (aujourd'hui au musée de Berlin). Cet autel était supporté par une base colossale à laquelle on accédait par un escalier. Sa principale décoration se composait d'une gigantesque frise, longue de cent vingt mètres et haute de deux mètres trente. Elle représente, une fois encore, le *Combat des Dieux contre les Géants*. Nous avons ici un des motifs de cette frise : Athéna a saisi par les cheveux un jeune géant dont les ailes s'agitent convulsivement et qui veut retenir le bras de la déesse. Son autre main se tend vers sa mère Gaea (la Terre) qui émerge du sol pour implorer vainement l'implacable ennemie couronnée par la Victoire.

Le sentiment d'eurythmie, de noblesse calme, de pureté même dans l'expression, a disparu, mais, en revanche, on découvre une force héroïque, une puissance dramatique qui fait penser à la *Marseillaise* épique de Rude, à l'arc de triomphe de l'Etoile.

Dans ce même vestibule se trouvent plusieurs copies de peintures antiques. On remarquera principalement le *Thésée vainqueur du Minotaure*, un *Hercule et Omphale* ainsi qu'une *Vue d'une rue de Rome*.

Nous suivons le vestibule dans toute sa longueur pour gagner l'extrémité droite où se dresse l'*Hercule Farnèse*, le moulage le plus ancien de l'Ecole, exécuté à Rome par les soins de Charles Errard, directeur de l'Académie de France. Dans cette partie de la galerie et dans la salle où nous pénétrons ensuite, sont disposés des spécimens caractéristiques de la sculpture funéraire grecque. Qu'il s'agisse d'humbles petits monuments de terre cuite, ensuite de longues dalles gravées, puis de stèles quadrangulaires, de vases ou de statues en ronde-bosse, jamais le génie hellénique n'a montré plus de simplicité et de beauté sereine. Malgré l'apparence réaliste de scènes familières, on constate un parti pris de généralisation dans l'expression de la mort et dans la façon dont sont traduits les regrets et les espoirs des survivants. Nous

nous trouvons moins en présence d'un portrait du défunt que d'un type idéalisé. Les personnages, qui se trouvent à côté de lui, ont, par leurs accessoires, mission de rappeler sa condition. Parfois, les vivants se mêlent aux morts dont ils prennent congé, souvent en leur serrant familièrement la main. On remarquera principalement le Guerrier debout à l'extrémité du vestibule, la stèle de Demetria et Pamphile placée dans le retrait au commencement de la salle grecque suivante, le monument de Dexileos (même emplacement) et plusieurs stèles du musée d'Athènes.

La salle grecque

Ce qui, avant tout, attire notre attention dans cette salle, ce sont des parties de monuments élevés sur l'Acropole. Nous pouvons nous faire une idée de l'architecture du Parthénon, d'après des fragments complets de ce temple à l'extérieur (base et chapiteaux de la colonne, bandeau avec les métopes et la corniche de la toiture) et à l'intérieur du portique, le long de la cella (mur Sud).

A côté du Parthénon s'élevait l'Erechtheion, entre toutes la partie sacrée de la colline. Le double temple dont nous avons parlé (p. 63), avait été détruit par les Perses. Un autre édifice fut commencé sitôt qu'ils furent chassés, mais resta inachevé. Enfin, un dernier sanctuaire fut reconstruit à la fin du v⁰ siècle, c'est-à-dire après l'achèvement du Parthénon; mais, cette fois, en même temps qu'à Athena Polias (Protectrice de la ville) il était dédié à Poseidon. Il était constitué par des cellas juxtaposées, entourées de portiques. Les fidèles y vénéraient le trou creusé dans le roc par le trident de Poseidon, la source d'eau salée qui en avait jailli, et, pour ce qui concerne Athéna, l'olivier sacré et le xoanon, la vieille idole de bois qu'on portait, habillée, aux processions des Panathénées, tous les quatre ans. Nous avons ici deux fragments du temple ou plutôt de la partie du temple réservée à Athéna Polias ; surtout, nous avons un moulage du Portique des Caryatides soutenu par des statues de jeunes filles, qui, sur un socle élevé, dominait un versant de l'Acropole. On pense que c'était une sorte de tribune de laquelle des personnages sacrés, des prêtresses cloîtrées de Pallas, pouvaient regarder les défilés. Ces statues (au nombre de six ; l'une d'elles se trouve au British Museum) sont admirables pour leur beauté intrinsèque et pour la façon dont elles s'associent à l'architecture du portique.

Du Théseion, contemporain du Parthénon et dans le même style, on voit, sur le mur Ouest de la salle, les frises représentant le Combat des Centaures et des Lapithes et la bataille qu'en présence des Dieux les Athéniens, commandés par Thésée, livrent aux Pallantides, géants issus de Pallas, fils du roi Pandion.

La salle d'Olympie

Cette salle contient des moulages importants. Sur le mur qui la sépare de la salle grecque, sont fixés des bas-reliefs qui appartiennent à un autre monument de l'Acropole, le temple d'Athéna Niké (Victo-

rieuse). C'est une petite construction de la fin du
Vᵉ siècle. Elle était surhaussée sur un socle. Ses bas-
reliefs constituent deux séries : l'une ornait la
partie supérieure du temple; l'autre régnait le long
de la balustrade entourant le soubassement. La première représentait, au milieu, l'Assemblée des Dieux
et, d'un côté, des combats entre Grecs et Orientaux,
de l'autre, une bataille fratricide entre Hellènes. Sur
les compositions de la balustrade, plus récentes,
Athéna assiste à une scène de triomphe et de sacrifice. Des Victoires dressent des trophées conquis à la
fois sur des Grecs ou sur les Perses. Ces divinités
amènent des animaux pour le sacrifice. Succession
d'épisodes sans cohésion dramatique, mais reliés par
les mêmes personnages allégoriques, ces Victoires dont
on remarquera les admirables draperies, notamment
dans une composition où l'on voit une Victoire rat-
tacher sa sandale.

Un autre souvenir de l'Acropole, mais postérieur
en date, est un des Silènes qui supportaient l'avant-
scène du Théâtre de Dionysos, construit sous la domination romaine.

Maintenant, nous devons effectuer un énorme recul
dans le temps, afin d'examiner des monuments qui
sortent à peine de la période archaïque. Sur la
paroi Sud, des bas-reliefs présentent des harpies
(monstres à tête de femme et à corps d'oiseau) qui
s'affrontent. Les originaux (aujourd'hui au British
Museum) appartenaient à un tombeau de Xanthe en
Asie Mineure, édifice de conception asiatique, mais
grec par sa décoration (fin du VIᵉ siècle av. J.-C.).

Sur la paroi Ouest, les métopes du temple de Sélinonte (premier tiers du vi^e siècle; musée de Palerme) constituent le plus ancien exemple connu de sculpture grecque en haut-relief. Les moulages, qui sont sous nos yeux, offrent Apollon sur son char à quatre chevaux, accompagné d'Hélios (le Soleil) et de Séléné (la Lune); Persée tuant le monstre Méduse dont le cou tranché laisse échapper un petit cheval, Pégase naissant; enfin, Hercule, portant suspendus au bout d'un bâton, deux Cercopes, sortes de gnomes malfaisants qui ont troublé son sommeil. Malgré des maladresses et des gaucheries, le sentiment d'eurythmie et d'équilibre, propre à l'art grec, apparaît visiblement.

Le temple d'Olympie, dont voici plusieurs fragments, date de la première moitié du ve siècle. Cette ville du Péloponèse était un grand sanctuaire qui, par le nombre et la qualité des œuvres d'art exposées, devint comme un immense musée. Sa principale merveille était le temple de Zeus, qui allait posséder, quelques années plus tard, la statue du dieu par Phidias. Les métopes et les frontons, dont nous voyons les moulages, nous donnent une idée de la sculpture grecque avant cet artiste. Dans les deux bas-reliefs : *Hercule soutenant le Ciel entre Atlas et l'une des Hespérides* (musée d'Olympie); *Hercule et le taureau de Crète* (original au Louvre), nous remarquons encore quelque gaucherie et même une persistance d'archaïsme, mais aussi de la hardiesse, de la force et un beau parti pris de simplification.

Sur le socle au milieu de la salle, sont disposés les

débris de statues du fronton oriental par Paeonios de Mendé, œuvres puissantes et rudes, faites pour être vues d'une grande distance. Voici le sujet de cet ensemble : l'oracle de Delphes a prédit au roi Oenomaos qu'il mourra de la main de son gendre. Pour échapper à un tel trépas, il invite les prétendants de sa fille à une course de chars. Il compte partir le dernier, puis, grâce à son habile cocher, rejoindre les concurrents et les tuer successivement. Mais l'un des rivaux, non moins astucieux, a gagné le cocher. Ce serviteur infidèle fait verser le char. Oenomaos comprend qu'il est vain de lutter contre sa destinée. Il se tue et Pélops épouse la princesse Hippodamie.

Les statues du fronton ont été disposées au musée d'Olympie (elles ne figurent pas toutes ici et les quadriges ont été placés à part contre le mur Ouest) de la façon suivante: au centre, Zeus, entre Oenomaos et la reine. A droite, s'alignent le cocher d'Oenomaos et ses quatre chevaux, ensuite, deux palefreniers, enfin, couché dans l'angle aigu du fronton, le fleuve Cladeos; à gauche, Pélops, sa fiancée, son cocher, son attelage de quatre chevaux, puis deux palefreniers, et, comme pendant au fleuve Cladeos, l'Alphée. Une Victoire de Paeonios (mur Est) couronnait le fronton.

Une fois encore, nous devons aborder sans transition les monuments les plus différents comme époque et comme origine. Le Mausolée, dont les moulages sont placés entre ceux de Sélinonte et d'Olympie, était un immense tombeau qu'à Halicarnasse (Asie Mineure) la reine Artémis éleva à la mémoire de Mausole, son époux, vers le milieu du quatrième siècle.

C'était un édifice carré à colonnade ionique, placé sur un socle gigantesque. Une pyramide à quatre faces, composée d'arêtes superposées, en constituait le toit. L'étroite plate-forme du sommet supportait un quadrige. Au xve siècle de notre ère, ce monument était à peu près intact, quand les chevaliers de Saint-Jean le démolirent pour construire des fortifications avec ses matériaux (les sculptures qui ont été retrouvées dans la maçonnerie de ces murailles ont été envoyées au British Museum, à Londres). Les lions, dont nous avons ici des exemples, jouaient un rôle prépondérant dans la décoration du Mausolée et des escaliers qui y conduisaient. Ce motif était bien dans l'esprit asiatique : ces lions gardaient la dépouille du mort.

Trois séries de frises se superposaient aux divers étages du monument : une *Course de chars*, un *Combat de Centaures et de Lapithes*, enfin une *Bataille entre Grecs et Amazones*. Ces derniers bas-reliefs, dont nous voyons ici les moulages, régnaient sur l'entablement, au-dessus des colonnes du Mausolée. Ces compositions débordent de vie; elles sont remarquables par le mélange de fougue et de grâce qu'on y remarque.

Du groupe qui couronnait l'édifice, l'Ecole ne possède que la statue de Mausole idéalisé dans une attitude d'apothéose. Cette statue n'est pas un portrait à vrai dire. Peu vivante, elle tire son principal intérêt de son admirable draperie.

Nous retrouvons, contre les fenêtres, des fragments de l'autel de Pergame (voy. p. 66). Ils nous montrent comment l'art grec a évolué : sous l'influence du milieu oriental, le côté fantastique s'est développé en même temps que l'expression dramatique s'accentuait. C'est ce que prouve le bas-relief sur lequel nous voyons un géant ailé, dont les jambes se terminent par des serpents, lutter contre un dieu, tandis qu'un des serpents est aux prises avec un aigle. Cette composition semble plus éloignée de l'art grec classique, borné à la représentation de l'homme et de quelques animaux, que de l'art d'Extrême-Orient.

La cour vitrée

Les statues, dont les moulages s'alignent sous ce hall, appartiennent pour la plupart à une époque que l'on considérait autrefois comme la plus belle de l'art grec, le IVe siècle, au cours duquel le gracieux, le joli et le pittoresque commencèrent à gagner au détriment de la beauté et de la force. Beaucoup nous sont parvenues sous forme de copies de l'époque romaine. Ces statues et d'autres sont visibles au Louvre. Nous n'avons pas à nous attarder à les regarder. Nous jouirons surtout de la vue d'ensemble qu'offre cette cour, dominée par deux moulages essentiels, uniques par leurs dimensions.

Ce sont les fragments de deux monuments qui s'affrontent ici comme les champions de deux civilisations différentes, la civilisation grecque et la civilisation romaine. Le Parthénon (pp. 63-66, 68), par la simplicité résumée de son ordre dorique, reflète une pensée sobre et mesurée. Le temple de Castor et Pollux au Forum (premières années de l'ère chrétienne) par la richesse de ses colonnes corinthiennes cannelées, trahit le faste et la puissance d'un peuple parvenu à la domination de l'univers. Autour de chacun de ces monuments, comme sous sa protection, sont rangées des sculptures qui réfléchissent l'esprit particulier à l'un et à l'autre des deux peuples.

D'un côté, l'idéalisme grec traite la forme humaine, mais en la généralisant, en créant un type idéal, synthétique, presque abstrait, en évitant toute marque individuelle. De l'autre, le réalisme d'un peuple pratique, aux vues purement concrètes, a donné sa mesure dans des portraits vivants. Ces effigies constituent le meilleur de cet art purement romain en tant qu'il ne doit rien à l'art grec importé en Italie.

Au nombre des moulages qui ne se trouvent pas dans d'autres collections parisiennes, on remarquera surtout l'un des Dioscures, qui ornent la place du Quirinal à Rome, et les chevaux qui décorent la façade de Saint-Marc à Venise. Pris à Corinthe, ces chevaux ornèrent successivement les arcs de triomphe de Néron, puis de Trajan, à Rome. Constantin les fit transporter à l'hippodrome de Constantinople. Au XIII siècle, les Vénitiens s'en emparèrent. Bonaparte en 1797, les envoya à Paris où ils couronnèrent l'arc de triomphe du Carrousel. En 1815, ils furent rendus aux Vénitiens.

Le long du mur Est, dans les arcades murées, on a installé la plupart des fragments originaux d'architecture, composant la collection que Léon Dufourny (1754-1818) avait formée en Italie, principalement à Rome, et qu'il donna à l'Ecole.

La salle de l'Hémicycle

Sur la cour vitrée, entre la salle d'Olympie et la salle de l'Ornement, s'ouvre le vestibule qui donne accès à l'Hémicycle. Ce vestibule abrite les monuments en l'honneur de l'architecte Duban et du sculpteur Eugène Guillaume qui fut directeur de cette école.

L'Hémicycle, dont des colonnes de marbre, un beau parquet et une voûte polychrome composent le riche décor, ne s'ouvre plus que rarement, pour des séances d'apparat. Sur la muraille se déroule la grande peinture de Paul Delaroche. De la tribune du premier étage on pourra mieux en embrasser l'ensemble (voy. pp. 85-86); aussi, pour l'instant, ne faisons-nous que mentionner cette peinture.

Derrière la chaire, est placé un tableau d'Ingres : *Romulus, vainqueur d'Acron dont il porte les dépouilles opimes au temple de Jupiter Férétrien.* Ce tableau fut peint à la détrempe en 1812 pour le palais du Quirinal. En 1867, le pape Pie IX en fit don à l'empereur Napoléon III qui attribua ce tableau à l'Ecole. Ingres avait alors trente-deux ans quand il exécuta son œuvre. On le sent encore dominé par l'enseignement de David et par le souvenir des *Sabines* et du *Léonidas,* mais déjà l'artiste souple et voluptueux que nous aimons se révèle dans l'exquise figure du jeune serviteur chargé du casque d'Acron.

La salle de l'ornement et la salle romaine

La salle de l'ornement qui, symétriquement par rapport à la salle d'Olympie, prend jour sur la cour vitrée, offre les deux grands bas-reliefs qui ornèrent d'abord l'arc de Trajan et, ensuite, furent incorporés à l'arc de Constantin, à Rome : le *Triomphe de Trajan* que couronne la Victoire et la *Bataille des Romains contre les Daces*. Dans cette salle et dans la salle romaine avec laquelle elle communique (la salle romaine servant d'atelier est fermée au public), se trouvent de nombreux moulages reproduisant des fragments d'architecture antique de différents styles et le socle de la Colonne Trajane, dont il nous est loisible d'examiner les moulages complets au château de Saint-Germain-en-Laye.

LE PREMIER ÉTAGE

Les galeries

Un escalier à double révolution conduit au premier étage du Palais dont l'aile Est est occupée par la Bibliothèque, l'aile Nord par la galerie des Prix de Rome (peinture), l'aile Ouest par la salle du Conseil, l'Hémicycle et la salle Louis XIV, l'aile Sud par la galerie des Prix du Torse et la réserve de la Bibliothèque.

Les deux escaliers aboutissent chacun à une galerie éclairée par des arcades donnant sur la cour vitrée. Ces deux galeries sont la copie, constituent le *fac simile,* réduit comme dimensions, de l'aile des Loges du Vatican, décorée d'après les dessins de Raphaël par ses élèves Jules Romain, Francesco Penni, Pellegrino de Modène, Perrin del Vaga et Raffaelle del Colle. Ces artistes exécutèrent les compositions qui, quatre par quatre, garnissent les voussures des petites coupoles de chaque travée. La décoration — ce n'est pas la partie la moins appréciable ni la moins importante des Loges — fut confiée au Vénitien Jean d'Udine (1487-1564) qui s'y montra d'une fécondité et d'une ingéniosité remarquables. De cette décoration les galeries de l'Ecole n'offrent qu'un abrégé succinct. Par contre, nous avons au complet les compositions qui ont été copiées principalement par les deux fidèles disciples d'Ingres, Paul et Raymond Balze, de 1835 à 1840, et, aussi, par Paul Flandrin, Comairas, Sourdy et Rousseau. Pour observer un ordre logique, la visite de ces deux galeries devrait commencer par le couloir Sud. Voici l'ordre dans lequel se succèdent ces petites compositions :

Première coupole : 1° Dieu sépare la lumière des ténèbres; 2° Dieu sépare la terre de l'eau; 3° Dieu crée le soleil et la lune; 4° Dieu crée les animaux.

Deuxième coupole : La Création d'Eve; 2° La Faute originelle; 3° Adam et Eve chassés du Paradis terrestre; 4° Adam et Eve travaillant.

Troisième coupole : La Construction de l'arche de Noé ; 2° Le Déluge; 3° la Sortie de l'arche; 4° le Sacrifice de Noé.

Quatrième coupole : Abraham et Melchisédech ; 2° Dieu promet à Abraham une nombreuse postérité; 3° Abraham et les trois anges; 4° la Fuite de Loth.

Cinquième coupole : 1° Dieu apparaît à Isaac; 2° Isaac et

Rébecca épiés par Abimélech; 3° Isaac bénit Jacob; 4° Esaü et Isaac.

Sixième coupole : Le Rêve de Jacob; 2° Jacob et Rachel au puits; 3° Jacob refuse Lia pour épouse et réclame Rachel; 4° Le Départ de Jacob.

Dans cette même galerie, les vitrines renferment des vases et des débris de poterie antique (originaux), des moulages de statuettes antiques, de statuettes et de plaques d'ivoire du moyen âge.

Parmi les bustes d'anciens professeurs qui s'alignent dans cette galerie, il y a lieu de citer ceux d'*Ingres,* par Ottin (1811-1890) et de *Lenepveu,* par Injalbert. La grande peinture que nous apercevons, dominant l'escalier, est la copie par Giacomotti, d'une des juvéniles et charmantes fresques de Pinturicchio à la bibliothèque de la cathédrale de Sienne. Celle-ci nous montre les fiançailles de l'empereur Frédéric Barberousse et de la princesse de Portugal.

La galerie Nord présente la suite des compositions des Loges :

Première coupole (en commençant par l'extrémité de la galerie sur laquelle ouvre la salle du Conseil) : 1° Joseph raconte son rêve à ses frères; 2° Joseph vendu par ses frères; 3° Joseph et la femme de Putiphar; 4° Joseph explique le songe du Pharaon.

Deuxième coupole : 1° Moïse sauvé des eaux; 2° Moïse agenouillé devant la colonne de nuages ; 3° Le Passage de la mer Rouge; 4° Moïse recevant les tables de la loi.

Troisième coupole : 1° Moïse fait jaillir l'eau du rocher; 2° L'Adoration du veau d'or; 3° le Buisson ardent; 4° Moïse montre au peuple les tables de la loi.

Quatrième coupole : 1° Le Passage du Jourdain; 2° La Prise de Jéricho; 3° Josué arrête le soleil; 4° Le Partage des terres.

Cinquième coupole : 1° David et Goliath; 2° David oint par Samuel; 3° Le Triomphe de David; 4° David et Bethsabée.

Sixième coupole : 1° La Construction du temple de Jérusalem; 2° Le Jugement de Salomon; 3° Le Sacre de Salomon; 4° La Reine de Saba.

Septième coupole : 1° L'Adoration des bergers; 2° L'Adoration des mages; 3° Le Baptême du Christ; 4° La Cène.

Des vitrines offrent des moulages de bas-reliefs et de statuettes du moyen âge. Parmi les bustes rangés le long des murs, on appréciera ceux du *Baron Gérard* par Pradier (1792-1852), de *Jean-David Le Roy* par Chaudet (1763-1810), de *Pajou* par Roland (1746-1816) et de *Roland* (œuvre particulièrement fine et agréable) par lui-même.

La salle des Prix de Rome de peinture

Cette salle ouvre sur la galerie Nord, à côté de l'entrée de la Bibliothèque. La série des morceaux de concours pour la peinture est infiniment plus complète que celle des ouvrages de sculpture. Nous ferons les mêmes remarques. Ce sont là travaux d'élèves à la fin de leurs études. Certains artistes, devenus célèbres par la suite, ne révèlent nullement des dons supérieurs à ceux d'autres lauréats qui les ont précédés ou suivis et dont les noms ont sombré dans l'oubli. Une autre observation : ces travaux dans lesquels, pour bien des raisons, l'individualité de l'auteur n'apparaît qu'exceptionnellement, reflètent à la fois l'esprit de l'époque et les tendances du maître qui dominait alors l'Académie, ou plus tard l'Ecole, et dont l'atelier remportait la plus grande part des succès. Ces œuvres se groupent tout naturellement par séries, par tranches de douze à quinze, qui s'apparentent par leur composition, leur coloris et leur esprit. En résumé, ces Prix de Rome sont des documents intéressants pour l'étude de la pédagogie artistique en France et, relativement à quelques artistes, des souvenirs. Nous regardons certaines toiles avec la même curiosité qui nous pousserait à lire les dissertations de Taine ou de Boutroux au concours de l'Agrégation.

Le plus ancien, l'ancêtre, le doyen de ces tableaux : *Noé sortant de l'arche,* par Sarrabat (1688) est accroché tout en haut du mur Est, dans l'angle supérieur gauche. Les compositions se succèdent de gauche à droite, dans l'ordre chronologique, serrées cadre à cadre, telle une longue bande qui se déroule. L'étage supérieur au ras de la corniche comprend les épreuves de 1688 à 1814, la rangée intermédiaire celles de 1815 à 1865, et la troisième va de 1866 à 1923. Une section spéciale est constituée par des morceaux de concours pour le prix du Paysage historique. Le lambris enfin est couvert par les petites épreuves du concours d'esquisses.

Nous ne pouvons songer à donner une liste complète des morceaux de concours. Nous nous contenterons de signaler les compositions suivantes: Natoire (1700-1777), le *Sacrifice de Manué, père de Samson* (1721); Vien (1716-1809), *David se soumettant à la volonté de Dieu qui a frappé son peuple de la peste*

(1743); Fragonard (1732-1806), le *Sacrifice de Jéroboam* (1752); David (1748-1825), *Erasistrate découvrant l'amour d'Antiochus pour Stratonice* (1774); Girodet (1767-1824), *Joseph reconnu par ses frères* (1789) ; Ingres (1780-1867), les *Envoyés d'Agamemnon auprès d'Achille qu'ils engagent à combattre* (1801); Hippolyte Flandrin (1809-1864), *Thésée reconnu par son père* (1832); Hébert (1817-1908), la *Coupe de Joseph retrouvée dans le sac de Benjamin* (1839); Cabanel (1823-1889), *Jésus au prétoire* (1845); Paul Baudry (1828-1886) et son concurrent Bouguereau (1825-1905), la *Découverte du corps de Zénobie* (1850); Delaunay (1828-1891), le *Retour du jeune Tobie* (1856); Henner (1829-1905), *Adam et Eve retrouvant le corps d'Abel* (1858); Henri Regnault (1843-1871), *Thétis apporte à Achille les armes forgées par Vulcain* (1868); Luc-Olivier Merson (1846-1922), le *Soldat de Marathon* (1869); Gabriel Ferrier (1847-1914), *Une scène du Déluge* (1872); Aimé Morot (1850-1913), *Super flumina Babylonis* (1873); Albert Besnard (n. en 1849), la *Mort de Timophane* (1874); Chartran (1849-1907), la *Prise de Rome par les Gaulois* (1877). Parmi les artistes récompensés depuis 1880 et dont la plupart vivent encore, un choix pourrait paraître arbitraire.

La salle du Conseil

Après avoir visité la salle des Prix de Rome, nous remontons la galerie Nord pour gagner la salle du Conseil. Tout autour de cette salle, qui offre l'aspect austère d'un tribunal, s'alignent les portraits, peints ou sculptés, de professeurs de l'Ecole ou de membres du Conseil supérieur des Beaux-Arts.

Parmi les sculptures, nous remarquerons les bustes de *Paul Dubois* par Falguière (1831-1900) et de *Henner* par Paul Dubois (1829-1905), la statuette amusante qui représente *Meissonier,* par Gemito (n. en 1852), un des principaux sculpteurs italiens de l'époque contemporaine, les bustes de *Falguière* par Marqueste (né en 1850), de *Gérôme* et de *Charles Garnier* par Carpeaux (1827-1875), de *Lenepveu* par Injalbert (né en 1845), de *Bonnat* par Ségoffin, (né en 1867).

La collection des portraits peints, qui nous rendent les traits de professeurs des Académies de peinture et d'architecture et, ensuite, de l'Ecole, est des plus incomplètes, puisqu'un grand nombre de ces portraits — morceaux de réception de l'Académie de peinture — est passé au Louvre.

Il est tout naturel que M. de Charmois, introducteur des ambassadeurs, qui joua un rôle essentiel dans la création de l'Académie royale de peinture, en 1648, continue à présider les réunions de l'Ecole, fille et héritière de l'Académie dont les titres et brevets figurent parmi ses archives. Le portrait de Charmois est peint par H. de Beaubrun (1603-1677), un des premiers académiciens.

Avec les portraits de *Le Brun* (1619-1690) et de *Bourdon* (1616-1671) par eux-mêmes, celui de *Rigaud* (1659-1743) par lui-même (1700) et de *Jules-Hardouin Mansart* (1698) par De Troy (1654-1730) nous avons des documents originaux de la plus grande importance.

Suit un portrait de l'académicien Favanne (1668-

1752) par lui-même (1704). La série concernant le xviiie siècle est plus considérable. Voici *Grimou* (1678-1740) par lui-même; *La Tour* (copie d'auteur inconnu); *Hubert-Robert* (1784. Copie d'après Mme Vigée Le Brun); *Lagrenée* (1775. Copie de Dumont d'après l'original de Fragonard), le graveur *Levasseur* par Greuze (1725-1805); *Suvée* (1780), un délicieux pastel attribué à Vincent (1746-1816); *Vincent* (1782), par Mme Vincent (1749-1803), d'après l'original de son mari ; *Regnault* (1754-1829) par lui-même (1783. Copie de Hersent).

A côté figurent les effigies du graveur *Leblanc* (1718) par un inconnu, — des sculpteurs *Adam le jeune* (1762) par Aubry (1745-1781), *Bridan* (1772) par Mosnier (1746 ap. 1789) — des architectes *Soufflot* (1749), par Louis-Michel Van Loo (1707-1771) et *Peyre* (1767) par un inconnu.

Le xixe siècle offre surtout deux portraits de *Pierre Guérin* (1774-1833) par lui-même et par Horace Vernet (1789-1863); du *Baron Gérard* par Mlle Godefroy (1778-1849); une saisissante esquisse d'*Ingres vieux* par Lehmann (1814-1882); des portraits de *Paul Delaroche*, par Tony Robert-Fleury (1838-1912); de *Cabanel* (1823-1889) par lui-même; de *Robert-Fleury*, de *Bonnat* (1833-1922) par lui-même. A ces effigies s'associent celles des sculpteurs *Pradier* par Guignet (1816-1854) et *Chapu* par Bonnat, *Guillaume* par Carolus Duran (1837-1917); des architectes *Magne* par Giacomotti (1828-1909) et *Charles Girault* par Schommer (né en 1850).

Cette même salle offre plusieurs beaux objets d'art

décoratif du xviie siècle : une pendule de style Boulle par l'horloger Duchesne et des torchères en bois doré dont deux, supportés par des statues de la *Géométrie* et de l'*Astronomie,* sont particulièrement remarquables. Deux candélabres du xviiie siècle proviennent de l'Académie de peinture.

La salle Gatteaux

Cette petite galerie porte le nom du graveur Jacques Edouard Gatteaux (1788-1881), bienfaiteur de l'Ecole. Sur l'Hémicycle (voy. p. 76) ouvre un balcon d'où nous pouvons examiner la grande décoration de Paul Delaroche (1797-1856) exécutée en 1841. Cette décoration, aujourd'hui, ne peut plus provoquer l'enthousiasme qu'elle excitait jadis chez Vitet. Elle manque de fantaisie et d'inspiration. On voit trop nettement que l'élève d'Ingres avait présent à l'esprit l'*Apothéose d'Homère,* exécutée quatorze ans auparavant. Mais, œuvre de travail et de science, correctement dessinée, elle fait bonne figure parmi les principales décorations exécutées en France au cours du xixe siècle.

Le décor se compose d'un long portique à colonnes. Au centre siègent, tels les trois juges des Enfers, l'architecte Ictinus, le peintre Apelle et le sculpteur Phidias. Devant eux, quatre figures de femmes symbolisent, à gauche, l'art gothique et l'art grec, à droite, la Renaissance et l'art romain. Au premier plan, une belle fille agenouillée, qui incarne le Génie des Arts, lance à la volée des couronnes à des lauréats éventuels. Devant les deux ailes du portique sont groupés les artistes que Paul Delaroche considérait comme dignes de figurer dans cette grande distribution de prix. Ils sont répartis de la façon suivante : aux deux extrémités les peintres encadrant, à droite, les architectes et, à gauche, les sculpteurs.

En suivant de gauche à droite, nous voyons successivement: Le Corrège, Paul Véronèse, Antonello de Messine, Murillo, Van Eyck, Titien, Terburg, Rembrandt, Van der Helst, Rubens, Vélasquez, Van Dyck, le Caravage, Bellini, Giorgione, Ruysdaël, Potter, Claude Lorrain, Le Guaspre; ensuite, les sculpteurs : Peter Vischer, Bontemps, Luca Della Robbia, Benedetto da Maiano, Giovanni Pisano, Bandinelli Donatello, Ghiberti, Palissy, Goujon, Cellini, Germain Pilon, Puget, Jean Bologne. Après le groupe central des trois grands artistes grecs, se déroule le cortège des architectes : Philibert Delorme, Peruzzi, Erwin de Steinbach, Sansovino, Robert de Luzarche, Palladio, Brunellesco, Jones, Arnolfo di Lapo, Lescot, Bramante, Mansart, Vignole. Puis, de nouveau, des peintres ou des graveurs : Fra Angelico, Marc-Antoine, Edelinck, Holbein, Le Sueur, Orcagna, Sébastien del Piombo, Dürer, Léonard de Vinci, Le Dominiquin, Fra Bartolomeo, Mantegna, Jules Romain, Raphaël, le Pérugin, Masaccio, Michel-Ange, Andrea del Sarto, Cimabue, Giotto et Poussin.

Le caractère artificiel et déconcertant, que présente une réunion d'hommes si différents par leur nationalité, par leur genre et par leur époque, n'a pas besoin d'être souligné. Ces personnages font l'effet d'invités qui se rencontrent au cours d'une réception sans se connaître. En outre, bien que Delaroche ait voulu offrir un Panthéon artistique aussi complet que possible, on constate des omissions, volontaires ou non. Par exemple, l'absence de tout artiste français du xviiie siècle nous choquerait, si ce n'était attacher à ce répertoire colorié plus d'importance qu'il n'en mérite.

La petite galerie sur laquelle s'ouvre le balcon de l'Hémicycle offre plusieurs œuvres originales. Deux tableaux de Van der Meulen (1634-1690), se rapportant aux Campagnes du roi, nous ravissent par la fraîcheur de leur coloris, le sentiment du paysage et la vie des petits personnages que l'on aperçoit au premier plan.

Nous trouvons aussi quelques-uns des tableaux que les nouveaux académiciens étaient tenus d'exécuter pour leur réception : *Hercule armé par les Dieux pour défendre Thèbes* (1674), par Monier (1641-1703); *Mercure et Argus* (1674), par François de Troy (1654-1730); *Hercule vainqueur de l'Hydre de Lerne* (1675), par Houasse (1644-1710); *Cadmus vainqueur du Dragon reçoit les ordres de Minerve* (1676), par Blanchet (1617-1689); *Les Titans foudroyés par Jupiter* (1681), par Leblond (1635-1709); *Loth et ses filles* (1710), par Courtin (1672?-1752) et, de plus, le morceau exécuté pour le concours de Rome, par Lacour (1745-1814), deuxième prix en 1769 : *Achille dépose le cadavre d'Hector aux pieds de la dépouille de Patrocle.*

Au xixe siècle appartiennent : un amusant tableautin de Drolling (1786-1851) nous montrant l'architecte Huyot à sa table de travail; des têtes de jeunes filles par Hippolyte Flandrin; un portrait dans lequel Bouguereau s'est plu à exagérer le caractère naturellement pittoresque que présentait la physionomie de l'architecte Charles Garnier, et à lui donner une expression de jeune martyr chrétien ; un portrait de Maniglier, professeur à l'Ecole; enfin, le dessin du diplôme de l'Exposition de 1878 par Paul Baudry.

On remarquera aussi des dessins qui offrent un intérêt iconographique : *Bosio, Vien, Vaudoyer,* par David d'Angers (1792-1852); *Pradier* par lui-même; *Girodet* par Isabey (1804-1886); un croquis à la plume de Heim (1787-1865) faisant revivre un groupe de professeurs: les architectes *Huyot* et *Vaudoyer,* le peintre *Blondel,* le graveur *Galle;* les portraits de *Signol* par Paul Flandrin (1811-1902) et de *Drolling* par Biennoury (1823-1893).

Nous mentionnerons une copie de Mme Stigant-Baron d'après Turner (1775-1851) : *Didon construisant Carthage* (Londres, National Gallery), une copie de la tête de l'*Homme au gant,* de Titien, par Gustave Ricard (1824-1873), et de médiocres dessins de Dutertre d'après trois des compositions des Chambres du Vatican et d'après le *Saint Jérôme* du Dominiquin.

Cette petite salle contient également des œuvres de sculpture : le médaillon d'*Ingres,* par son ami Bartolini (1776-1850); les médaillons d'*Horace Vernet,* de *Prosper Mérimée,* de *Cogniet,* de *Paul Delaroche,* de *Drolling* par David d'Angers, ceux d'*Ancelet* par Crauk (1827-1905), d'*André* par Barrias (1841-1905), de *Guadet* par Deschamps (1841-1867), puis les médailles de *Eugène Guillaume* par Chapu, de *Berthelot,* de *Braux,* de *M. Pottier* par Chaplain (né en 1839) et de *Taine* par Roty (né en 1846).

La salle Louis XIV

Dans la grande salle qui fait suite à la galerie, nous remarquerons d'abord la cheminée ornée de deux figures d'anges provenant de l'atelier de Germain Pilon.

Parmi les peintures exposées dans cette salle, se trouvent des originaux : un petit triptyque italien du xive siècle, la *Salutation angélique* et un portrait de femme par un anonyme florentin du xve siècle. La pièce capitale est une composition attribuée à Poussin : *Mercure, Aglaure et Hersé*, remarquable par le sentiment libre avec lequel est traité le nu de femme potelée, de caractère très français, presque xviiie siècle, qui rappelle la *Vénus* de Dresde et la femme couchée de la *Bacchante* du Louvre, dont la pose s'inspire de celle de l'*Ariane* du Titien.

Nous trouvons ensuite des morceaux de réception, celui de Galloche (1670-1761), *Hercule rendant Alceste à Admète* (1711); celui de L. Belle (1722-1806), *Ulysse reconnu par sa nourrice Euryclée* (1761). Une Tête de vieillard se rattache à la même époque.

Vers 1760, l'Académie suit le goût du public qui se détourne des scènes et des apothéoses mythologiques pour goûter des scènes familières et des paysanneries. La *Fermière cauchoise*, le morceau de réception de Descamps (1706-1791) en 1764, caractérise cette évolution.

Du xixe siècle nous trouvons ici des têtes (homme, moine, vieille femme) peintes sur lave par H. Flan-

12

drin en vue d'essais pour la cathédrale de Strasbourg, et des têtes d'étude imitant la mosaïque.

On examinera aussi plusieurs copies : l'*Embarquement de sainte Ursule,* d'après Carpaccio (copie par Hirsch), qui s'ajoute aux autres scènes de la même légende précédemment vues (voy. pp. 42 et 46) ; deux des fresques du cloître des Scalzi à Florence par Andrea del Sarto : la *Prédication de saint Jean Baptiste* et le *Baptême du Christ* (Vimon), élégantes, mais faibles par le sentiment ; enfin la grande fresque du Guide (1575-1642), au palais Rospigliosi à Rome, l'*Aurore* (Leroux).

Nous retrouvons Vélasquez, cette fois avec quatre de ses tableaux d'un art splendide mais si mélancolique, qui nous montrent des êtres disgraciés, nains ou bouffons, jouets de cour : *l'Enfant de Vallecas,* l'*Idiot de Coria, El Primo* et le présumé *Sebastiano de Mona* (Musée du Prado à Madrid. Copies par Guignet). En plus des anges attribués à l'Ecole de Germain Pilon, cette salle renferme quelques sculptures, notamment le masque mortuaire de *Henri Regnault* et le buste de *Percier* par Petitot (1794-1862). On admirera un beau bahut Renaissance. Les numismates feront leur profit des collections de reproductions de médailles qui proviennent des dons Valton et Hubert Dupuy.

La salle du torse

Les études de torses exposées dans cette salle, plus encore que les compositions pour le concours de Rome, sont des travaux scolaires. Quelques-unes ont l'attrait de souvenirs émouvants : notamment celles peintes par Ingres (1800) et par Géricault (1813). Les *Têtes d'expression*, au fond de la salle, nous montrent l'évolution d'un genre qui, tragique et théâtral à ses débuts, perdit ensuite ce caractère d'expression exagéré, sa raison d'être, pour copier simplement ou platement la réalité. On remarquera les morceaux suivants : la *Douleur* (1773), par David; l'*Attention* (1835), par Couture (1815-1879); *Sans expression* (1843), par Chaplin; le *Dédain* (1850), par Bouguereau; la *Contemplation* (1858), par Jules Lefebvre (1836-1911); la *Prière le jour des Rameaux* (1871), par Chartran; la *Prière* (1872), par Ferrier; l'*Attention* (1883), par Rochegrosse (né en 1859).

Cette salle conserve aussi les épreuves pour le Prix d'Attainville (Paysage) et pour le Prix Stürler (Composition décorative).

Parmi les bustes placés dans cette salle, on remarquera celui du *Baron Gros*, par J.-B.-J. Debey le père (1779-1863), et la réplique en bronze de *Falconet* par son élève Marie-Anne Collot (1748-1821).

La galerie Sud nous conduit ensuite à la Bibliothèque.

La Bibliothèque et ses annexes

En dehors d'une importante collection de dessins (1) qui, aujourd'hui, ne sont plus exposés et dont, par

---

(1) M. Pierre Lavallée, conservateur des collections de l'Ecole, achève le catalogue de ces dessins, fruit d'un travail de plusieurs années, dont il a donné les prémices dans deux articles publiés par la *Gazette des Beaux-Arts,* en 1917.

conséquent, nous n'avons pas à parler, la Bibliothèque offre la plus grande partie des morceaux de réception à l'Académie de peinture qui sont restés à l'Ecole, le Louvre n'ayant retenu que des pièces capitales comme l'*Embarquement de Cythère* de Watteau.

Une partie de ces morceaux orne la salle publique de lecture de la Bibliothèque, l'autre est conservée dans les réserves.

Pour respecter autant que possible la chronologie, nous commencerons notre visite par l'extrémité de la salle qui est opposée à l'entrée. Au-dessus de la galerie, qui donne accès aux rayons de livres, nous voyons d'abord le tableau peint par Nicolas de Plattemontagne reçu en 1663 (1631-1706); d'agréables figures, — dont malheureusement le coloris est terne et sali, — représentent *Apollon favorisant les Muses*, allusion à Louis XIV. Suivent : *Marsyas écorché par ordre d'Apollon* (1665) de Louis de Namur (m. en 1693); *Louis XIV donnant la paix à l'Europe* (1670) par Jacques Friquet de Vauroze (1648-1716) qui, d'une manière évidente, se réclame de Le Brun; *Busiris sacrifiant les étrangers à Jupiter au mépris des lois de l'hospitalité* (1675) par J.-B. Corneille (1649-1695); les *Amours de Rhéa Sylvia* (1694) par Nicolas Colombel (1644-1717) qui se souvient de l'Italie et de l'Albane.

Au centre de la salle, contre le mur extérieur, à contre-jour, se trouvent les ouvrages exécutés par Antoine Stella dit Bouzonnet, disciple de Poussin (1637-1682) qu'il imite visiblement dans les *Jeux Pythiens* (1666) et par Delaistre (1690-1765), *Hercule délivrant Hésione* (1722) qui offre un agréable corps de femme.

Au-dessus des étagères à livres nous voyons ensuite : *Abigaïl apportant des présents au roi David* (1680) par Licherie (1642-1687) qui combine agréablement Poussin et Le Brun; *Laomédon puni par Neptune et par Apollon* (1707) par Pierre Dulin (1669-1748), tableau dont nous remarquerons la jolie lumière dorée; *Hercule tuant Cacus* (1718), de François Le Moyne (1688-1737), composition quelque peu décousue; un autre *Marsyas* (1735), cette fois par Carle Van Loo (1705-1765) avec un Apollon élégant mais sec. Enfin, une des plus belles œuvres que possède l'Ecole, le *Paysage combiné* (1766) où Hubert Robert (1783-1808) a donné comme socle au Panthéon de Rome le port de la Ripetta, aujourd'hui supprimé par les travaux de régularisation du Tibre.

Dans l'attique, au-dessus de la Bibliothèque, sont conservés d'autres morceaux de réception. Avant de nous engager dans l'escalier qui y conduit, nous verrons, dans le cabinet à gauche, deux statuettes en bronze, réductions de statues par Gatteaux, le lieutenant Bisson à Lorient et le chevalier d'Assas au Vigan. Dans le cabinet de droite est accroché un petit tableau vénitien (original de la fin du xviie siècle) qui représente une séance du Grand Conseil.

Aux murs de l'escalier sont suspendues de petites copies du baron Boucher-Desnoyers, d'après Raphaël: la *Vierge à la chaise*, la *Vierge de la maison d'Orléans,* et, deux restaurations d'architectes contemporains, les *Thermes de Dioclétien* par Paulin et l'*Ile tibérine* de Patouillard.

Sur le dernier palier, nous remarquerons un bas-relief de Giraud (1806-1836), *Ethra pleurant sur la tête de Phalante,* puis, dans la partie gauche de l'attique, une terre cuite, malheureusement très dégradée et quasiment fondue, le buste d'un jeune seigneur (fin du xv⁰ siècle), et un autre buste, du commencement du xix⁰ siècle, représentant une jeune femme, avec l'inscription : J. Duvidal.

Les morceaux de réception, qui sont abrités ici sont les suivants : l'*Enlèvement de Proserpine* (1673) par Charles de La Fosse (1636-1716), le peintre de la chapelle des Invalides; l'*Adam et Eve* (1711) de Dumons jeune (1687-1779?); *Hercule étouffant Antée* (1707) de Verdot (1667-1733) et une très élégante et fine composition de Brenet (1728-1792), le *Jeune Thésée retrouvant les armes de son père* (1769). Dans une note tout à fait différente de ces mythologies et qui rappelle l'esprit de Chardin, une grande nature morte de Jeaurat de Bertry (reçu en 1756, mort en 1793) montre des ustensiles de cuisine près d'un petit fourneau en terre allumé.

Nous signalons un autre morceau de concours, celui de Massé (1673?-1753), *Vénus demande à Vulcain des armes pour Enée* (1705) qui décore les bureaux du Secrétariat, à l'Hôtel de Chimay, ainsi que les seconds Prix de Rome obtenus par Perrin (1754-1831), *Esther dénonçant Aman* (1745) et par Alizard, *Cléobis et Biton conduisant leur mère au temple* (1764).

De ce même Alizard, nous voyons à l'attique une

composition qui, suivant toute vraisemblance, représente la *Mort de Socrate*.

Voici les morceaux qui valurent le second Prix de Rome à Godefroy (1729-1788), *Alexandre coupant le nœud gordien* (1767) et à Lacourt (1745-1814), *Achille dépose le cadavre d'Hector aux pieds du corps de Patrocle* (1769). Enfin, une épave du concours de 1861, la *Mort de Priam* par Perrault qui n'eut pas de récompense malgré l'académisme intégral de son morceau.

En redescendant à la Bibliothèque, nous rencontrons d'autres morceaux de concours d'un format plus grand. Ils appartiennent au xviiie siècle. Ils décorent les vestibules aux deux extrémités de la Bibliothèque et la salle de réserve, dite salle Lesoufaché. Dans le vestibule qui précède cette salle et dont les belles portes proviennent du château d'Anet, on remarquera d'abord le tableau de concours d'Hyacinthe Rigaud (1659-1743), un *Saint André* (1700). Il nous montre comment, avec Largillière et Rigaud, sous l'influence de Rubens et des Flamands, l'école française s'est éloignée des teintes pâles et plates chères à Le Brun et à son école pour prendre des tons vifs et brillants. L'éclairage doux et enveloppant de la *Charité romaine* (1751) par Jean-Jacques Bachelier (1724-1806), nous conduit plus loin et nous fait penser aux Hollandais. L'agréable et élégant *Apollon poursuivant Daphné* (1733) de Michel Van Loo (1707-1771) nous représente bien la mythologie galante de l'époque Louis XV. Le tableau (1767), au milieu du panneau, est de Servandoni (1695-1766). L'architecte de Saint-Sulpice se révèle ici comme un émule habile de Pannini, expert en effets de perspective.

La salle dans laquelle nous pénétrons ensuite, porte le nom de l'architecte Lesoufaché qui légua à l'Ecole des Beaux-Arts une incomparable bibliothèque (livres d'architecture, livres du xvie et du xviiie siècle, dessins, manuscrits à miniatures). Cette salle abrite aussi les ouvrages de la réserve et les dessins. Un portrait de Bonnat rend, avec une netteté énergique, l'image du bienfaiteur Lesoufaché.

Notre attention est principalement sollicitée par le grand tableau de David : la *Douleur d'Andromaque* (1783). Ce qui persistait de xviiie siècle et de Boucher chez David, et qui reparaîtra dans le *Pâris* du Louvre (1788), est ici complètement éliminé. Ce morceau de réception, qui précède d'un an les *Horaces,* a la force d'une profession de foi. Le décor austère, le cadavre nu étendu sur le lit, son grand casque sur le sol, d'autre part, Andromaque assise sur sa chaise, dans une attitude noblement éplorée, qui trahit à la fois l'influence des statues antiques et des souvenirs de théâtre, tout cet ensemble, d'ailleurs plein de force et où l'on reconnaît la griffe d'un maître, marque combien le néo-classicisme triomphait. Par ailleurs, on notera le mouvement naturel, vivant et souple du jeune Astyanax. Il est à remarquer avec quelle vérité David a su traiter les enfants, même dans des tableaux aussi « pompiers » que les *Sabines.*

De chaque côté du David, sont accrochés deux tableaux consciencieux et agréables : *Jupiter endormi sur le mont Ida* (1785) par Le Barbier aîné (1738-1826), qui montre un Amour maladroitement supendu dans les airs, un Dieu ennuyeux et une Vénus à la physionomie charmante. *L'Etude arrêtant le Temps* (1780) par Ménageot (1744-1816) avec une autre plaisante figure de femme. Du grand siècle de la femme qu'a été le xviiie, l'esprit subsistait chez ces académiciens qui faisaient du néo-classique, comme, cinquante ans auparavant, ils auraient confectionné de la peinture galante ou, vingt ans plus tôt, traité le genre sentimental.

En retraversant la Bibliothèque, nous remarquerons dans le passage entre le vestibule et la galerie proprement dite, deux esquisses de Van Dyck, en camaïeu : le *Jardin d'Amour* et *Personnages groupés autour d'une figure allégorique de la Justice,* puis, dans la longue galerie, sur les longues épines ou au-dessus des bureaux, nous observerons, sans parler de copies d'antiques trop connues, des sculptures, originaux ou répliques, d'époques différentes : une gouttière, terrecuite grecque provenant de Métaponte, formée par un mufle de lion; le buste dit de Guillaume de Rochefort (art franco-italien du début du xvie siècle); une petite ébauche attribuée à Puget (1622-1694), *Hercule au repos;* le buste de *Jean-Jacques Rousseau* par Houdon et une tête de *Louis XV* par Gois (1731-1823). Sur le bureau central, contre les fenêtres, on a placé deux sculptures en bois, une *Mise au tombeau,* travail allemand du xve siècle et une figure de femme entourée de petites figurines, symbolisant l'Eglise (Allemagne, xvie siècle).

En poursuivant, nous rencontrons, sur la seconde

épine, le buste dit de la femme de Nicolas Braque (xIVe siècle) cubique avant la lettre; les deux beaux bustes d'*Hubert Robert* par Pajou (1730-1809) et de *Coysevox* par Jean-Louis le Moyne (1665-1755).

Si nous nous approchons des fenêtres, après avoir admiré un fragment de vitrail du commencement du xVIe siècle, une *Descente de croix,* nous voyons dans les vitrines de nombreux souvenirs légués par Charles Garnier (1825-1898), l'architecte de l'Opéra, dont deux plaquettes dorées du xVIe siècle et plusieurs camées et intailles; puis une remarquable collection de médailles due à la donation généreuse de M. Wasset (1896). Cette collection intéresse, en premier lieu, l'Italie des xVe et xVIe siècles. Le grand ancêtre Pisanello (1397-1455) ouvre la série avec ses célèbres portraits de *Lionello d'Este* et de *Sigismond Pandolphe Malatesta.* Suivent ses disciples Matteo de Pasti (v. 1420-v. 1490) — dont nous voyons les médailles bien connues de *Sigismond Pandolphe Malatesta* et d'*Isotta da Rimini* — et Sperandio de Mantoue (né v. 1425) qui donne son chef-d'œuvre *Jean-François Gonzague* ; puis le milanais Caradosso (vers 1445-1527), et les médailleurs vénitiens de la période à cheval sur le xVe et le xVIe siècle : Andrea Briosco dit le Riccio (comm. du xVIe s.), Moderno (fin du xVe et comm. du xVIe s.), Valerio Belli (1468-1546), spécialistes en belles plaquettes qui garnissent ici toute une vitrine. Alari Bonacolsi, dit l'Antico (comm. du xVIe s.) est également représenté. L'art moins spontané, mais riche et fastueux du xVIe siècle, nous offre une abondante série de Leone Leoni (1509-1590), le médailleur de Charles-Quint et de Philippe II, et de son élève Jacopo da Trezza qui le suivit en Espagne. On verra aussi une partie de l'œuvre du fécond Pastorino (1508-1592) et aussi d'autres médailleurs : Gianfederigo Bonzagna (seconde moitié du XVIᵉ s.) et son élève Fragni (vivant encore en 1618), médailleurs des papes; Domenico Poggini (1520-1590) et Michele Mazzafiri (vers 1530-vers 1597), attachés à la cour de Florence; Giovanni Melon (seconde moitié du XVIᵉ siècle) qui retraça plusieurs fois les traits du cardinal de Granvelle; Antonio Abbondio le jeune (1538-1591).

La partie peut-être la plus rare de la collection Wasset est formée par les médailles allemandes du XVIᵉ siècle au caractère si particulier : d'abord des médailles de Dürer et des orfèvres de Nuremberg, Ludwig Krug (mort en 1532) et, surtout, Peter Flötner (seconde moitié du XVIᵉ s.) et Joachim Deschler (né vers 1500, mort en 1571). Suivent les maîtres d'Augsbourg et Friedrich Hagenauer (tr. entre 1527 et 1546). Le saxon Hans Reinhart l'aîné (travaux entre 1535-1568) est également bien représenté. La série se clôt sur les chefs-d'œuvre de Valentin Maler (mort vers 1603), talent souple et sensible aux influences étrangères. A côté de ces médailles de métal, le visiteur sera charmé par d'admirables médaillons en bois sculptés, petits portraits à la fois délicats et réalistes.

Les Flandres sont représentées par Quentin Metsys (1460-1530) avec un *Erasme* qu'on lui conteste, et par le fécond Jonghelinck (1530-1606), graveur des sceaux des Habsbourgs, italianisé à la suite de Leoni Leoni.

Sauf quelques médailles du XVIᵉ (*Henri II, Catherine*

de Médicis), les médailles françaises, réunies par Wasset, sont des œuvres du xviiᵉ siècle et, principalement de Guillaume Dupré (vers 1575-1634) qui domine son époque. Nous pouvons suivre sa carrière depuis son premier travail, la double effigie de *Henri IV* et de *Gabrielle d'Estrées*. Le roi, Marie de Médicis, Sully, Lesdiguières, les principaux personnages du temps revivent dans ces effigies dues à un artiste dont on peut dire qu'il n'y en eut jamais de plus français par le tempérament. Quelques médaillons de Warin : *Richelieu, Louis XIV* et *Anne d'Autriche* font suite dignement à ces œuvres de Dupré.

Tout autour de la Bibliothèque, on pourra aussi examiner à loisir les médaillons dans lesquels David d'Angers fait revivre la société intellectuelle et artiste de la monarchie de Juillet.

En sortant de la Bibliothèque, dans le vestibule d'entrée où une copie du *Louis XIV* de Rigaud accueille majestueusement le visiteur, nous rencontrons les deux morceaux de réception de Vien (1716-1809) et de Perrin (1754-1831). Vien, avant même son élève David, est à l'origine du mouvement néo-classique. Son *Dédale attachant les ailes d'Icare* (1754) exécuté alors que l'influence de Boucher dominait, nous fournit sur ce point un témoignage intéressant. Perrin, dans son *Enée guéri de ses blessures,* montre le triomphe du classicisme.

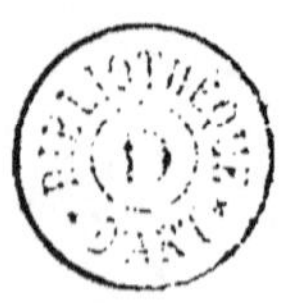

BIBLIOGRAPHIE

I. — Généralités

Müntz, *Guide de l'école nationale des Beaux-Arts*, Paris, s. d.

II. — Historique

1. — Le Couvent des Petits-Augustins

Sauval, *Histoire des antiquités de la ville de Paris*, Paris, 1724, t. I, p. 619. — **Brice**, *Description de la ville de Paris*, t. IV, p. 65. — **Piganiol de la Force**, *Description historique de la ville de Paris*, Paris, 1765, t. III, pp. 80-82 et t. VIII, pp. 235 et suiv. — **Berty**, *Histoire générale de Paris*. Topographie historique du vieux Paris. Région du bourg Saint-Germain, pp. 16-18. — **Frémy**, *Le Monastère des Petits-Augustins de Paris*, Paris, s. d. (Extrait du *Bulletin d'histoire et d'archéologie du diocèse de Paris*).

2. — Le Musée des Monuments Français

Lenoir (Alexandre), *Notice historique des monuments des arts réunis au dépôt des Petits-Augustins*, Paris, 1797; *Musée des monuments français*, Paris, 1800; *Musée royal des monuments français ou mémorial de l'Histoire de France*, Paris, 1815. — **Réville** et **Lavallée**, *Vues pittoresques et perspectives des salles du Musée des monuments français*, Paris, 1816. — **Biet** et **Brès**, *Souvenirs du Musée des monuments français*, Paris, 1821.

3. — L'ÉCOLE AU XIXᵉ SIÈCLE

TAINE, Les écoles, L'art en France dans *Paris-Guide*, Paris, 1867, t. I, pp. 844-855. — DULAURE, *Histoire de Paris*, Paris, 1839, t. IV, p. 826. — BEULÉ, *Eloge de Duban*, Paris, 1872.

III. — LES COLLECTIONS

PESSE, *Ecole des Beaux-Arts. Le Musée des Etudes.* « Revue des Deux-Mondes », 1840. — MÜNTZ, *Le Musée de l'Ecole des Beaux-Arts*, « Gazette des Beaux-Arts », 1890. — SAINT-VINCENT-DUVIVIER, *Liste des morceaux de réception...* dans les « Archives de l'art français », t. II, pp. 353-391. — JOUIN, *Ecole nationale des Beaux-Arts. Salle des portraits. Notice sur cette collection*, Paris, s. d. — SAUNIER, *Les grands prix de peinture, sculpture, gravure en médaille*, depuis la fondation du Prix de Rome, Paris, 1896. — GUIFFREY (Jules) et BARTHÉLEMY, *Liste des pensionnaires de l'Académie de France à Rome*, donnant les noms de tous les artistes récompensés dans les concours du Prix de Rome de 1663 à 1905, Paris, 1908. — DELACROIX (Eugène), *Sur Michel-Ange et le Jugement dernier.* « Revue des Deux-Mondes », 1837. — LENOIR (Alexandre), *Le jugement universel de Michel-Ange*, par Xavier Sigalon, Sèvres, s. d. — *L'Hémicycle du Palais des Beaux-Arts*, peinture murale par Paul DELAROCHE et gravure par HENRIQUEL-DUPONT, Paris, s. d. — VITET, *Etudes sur l'histoire de l'art*, Paris, 1864, t. III, p. 282. — DELABORDE (Vicomte H.), *Mélanges sur l'art contemporain*, Paris, 1866. — DE LA FORGE, *La peinture contemporaine en France*, Paris, 1856, p. 202. — CHARLES BLANC, *Le Trésor de la curiosité*, Paris, 1865, p. 560; *Histoire des Peintres de toutes les Ecoles. Ecole française*, t. III, Paris, 1865. — AUVRAY, *Le Musée européen*, Paris, 1873.

TABLE DES PLANCHES

TABLE DES MATIÈRES

<u>PRIERE D'INSERER</u>

Comme suite à sa collection de fascicules traitant des insti-
tutions nationales voici qu'aujourd'hui l'éditeur Albert Morancé publie
un opuscule, guide et aperçu historique à travers les collections de
l'école des Beaux-Arts.

Dans cet ouvrage qui s'adresse tout naturellement aux
élèves de l'Ecole, puis aux étudiants de l'histoire de l'art, enfin à un
public toujours plus nombreux, M. Gabriel ROUCHES étudie les collections
qui forment un incomparable musée d'instruction, moulages, fragments
d'architecture et de sculpture du XVI°, enfin morceaux de réception
et de concours constituant des documents essentiels pour l'Histoire
de l'art et de l'enseignement artistique depuis le XVII° siècle.

Ce guide précieux, d'un format commode et d'une élégante
présentation vient à son heure et rappelle justement l'attention du
public sur des collections trop ignorées, plus peut être des Parisiens
que des étrangers.

L'ANTIQUITÉ

L'ARCHITECTURE ET LA DÉCO-RATION DANS L'ANCIENNE ÉGYPTE, par Gustave JÉQUIER, Correspondant de l'Institut.

I. LES TEMPLES MEMPHITES ET THÉBAINS, des origines à la XVIIIe dynastie.

II. LES TEMPLES RAMESSIDES ET SAÏTES, de la XIXe à la XXXe dynastie.

III. LES TEMPLES PTOLÉMAÏQUES ET ROMAINS.

Trois albums grand in-folio (36 × 51) de chacun 80 planches en héliotypie, en cartons.. .. .. *Chaque volume* **250 fr.**

Chaque volume forme un tout complet et se vend séparément

L'ART ÉGYPTIEN DANS SES LIGNES GÉNÉRALES, par Georges BÉNÉDITE, Conservateur des Antiquités Egyptiennes du Louvre, professeur à l'Ecole du Louvre, Membre de l'Institut.

Un volume petit in-16 (11 × 14) de 80 pages de texte et 35 planches.. .. .. **9 fr.**

LE PARTHÉNON, l'Histoire, l'Architecture et la Sculpture, par Maxime COLLIGNON, de l'Institut.

Un volume in-4° (22 × 28,5) de 213 pages, illustré de 79 figures dans le texte et de 22 planches hors-texte en héliotypie, broché.. .. .. **50 fr.**

LES
GRANDS STYLES

LA RENAISSANCE EN ITALIE, par Guido BIAZI, Directeur de la R. Biblioteca Medicea Laurenziana, de Florence.

Un album in-folio (36 × 51) de 80 planches en héliotypie, en carton. .. .. **250 fr.**

LA RENAISSANCE EN FRANCE, par C. MARTIN, Architecte et C. ENLART, Directeur du Musée de sculpture comparée.

Quatre albums in-folio (36 × 51) de chacun 50 planches en héliotypie, en carton.. .. *Chaque volume* **100 fr.**

MAISONS DE PLAISANCE FRANÇAISES, PARCS ET JARDINS, par le Marquis DE GIRARDIN.

Un album in-folio (36 × 51) de 60 planches en héliotypie, en carton. .. .. **150 fr.**

L'HOTEL LAUZUN (Style Louis XIV), par Louis DIMIER.

Un album in-folio (32,5 × 45) de 33 planches en héliotypie, en carton .. .. **60 fr.**

L'HOTEL BEAUHARNAIS (Style Empire).

Un album in-folio (32,5 × 45) de 80 planches en héliotypie, en carton. .. .. **160 fr.**

DOCUMENTS D'ART

Collection d'ouvrages d'amateur in-4° (18 × 24) comportant un texte et un album de planches en portefeuille. La série se vend également reliée demi-chagrin, tête dorée, moyennant un supplément de **25** fr. par volume.

I. MUSÉE DU LOUVRE

Le Mobilier Français, par Carle Dreyfus. 2 volumes, 92 planches .. .. **70** fr.

Les Objets d'Art du XVIIIe siècle, par Carle Dreyfus. 2 volumes, 69 planches, dont 12 en couleurs. **75** fr.

La Céramique Française du XVIe siècle, par Mlle M.-J. Ballot. 1 vol., 48 planches, dont 25 en couleurs **75** fr.

La Céramique Chinoise, par J.-J. Marquet de Vasselot et Mlle M.-J. Ballot. 2 volumes, 84 planches, dont 60 en couleurs.. .. .. **130** fr.

L'Orient Musulman, par Gaston Migeon. 2 volumes, 103 planches, dont 30 en couleurs .. .. .. **120** fr.

L'Estampe Japonaise, par Gaston Migeon. 2 volumes, 77 planches, dont 37 en couleurs .. .. .. **100** fr.

Les Dessins de Michel - Ange, par Louis Demonts. 1 volume, 18 planches . .. . **25** fr.

Les Dessins de Léonard de Vinci, par Louis Demonts. 1 volume, 26 planches. .. .. **35** fr.

Les Dessins de Claude Gellée, dit le Lorrain, par Louis Demonts. 1 volume, 56 planches .. .. .. **50** fr.

Prud'hon, par Jean Guiffrey. 1 vol., 47 planches. **50** fr.

II. MOBILIER NATIONAL

Les Tapisseries d'Ameublement, d'après les cartons de François Casanova. 1 volume, 56 planches, dont 12 en couleurs.. .. .. **60** fr.

Le Mobilier Louis XVI. 1 volume, 56 planches. **40** fr.

Le Meuble-Toilette, Styles Louis XV, Louis XVI, Premier et Second Empire. 1 volume, 48 planches . . **45 fr.**
Les Tables, Styles Louis XVI et Premier Empire. 1 vol., 58 planches . . . . **50 fr.**
Les Sièges de Georges Jacob, Epoques de Louis XV, de Louis XVI et Révolutionnaire. 1 volume, 43 pl. **35 fr.**
Les Sièges de Jacob frères, Epoques du Directoire et du Consulat. 1 volume, 42 planches . . . . . . **35 fr.**

III. MANUFACTURES NATIONALES

Le Biscuit de Sèvres, Epoques du Directoire, du Consulat et de l'Empire, par MM. Lechevalier-Chevignard et Maurice Savreux. 40 pl. dont 12 en couleurs. **40 fr.**
La Manufacture de la Savonnerie, par Louis Braquenié et Jean Magnac. 32 pl., dont 12 en couleurs. **75 fr.**

IV. ART ORNEMENTAL

L'Alhambra de Grenade, par H. Saladin. 1 volume, 40 planches . . . . **30 fr.**
Tissus indiens du Vieux Pérou, par R. et M. d'Harcourt. 1 volume, 40 planches, dont 36 en couleurs. **80 fr.**
Vignettes Décoratives dans le goût du jour, par Louis Gillet. 1 volume, 30 planches en couleurs . . **60 fr.**

V. L'ŒUVRE GRAPHIQUE

Les Eaux-fortes de Claude Gellée, par André Blum. 1 volume, 38 planches. . . . . **50 fr.**
L'Œuvre gravé d'Abraham Bosse, par André Blum. 1 volume, 44 planches. . . . . **50 fr.**

ÉDITIONS ALBERT MORANCÉ
A PARIS, 30 & 32, RUE DE FLEURUS

L'Union Typographique, Villeneuve-St-Georges.

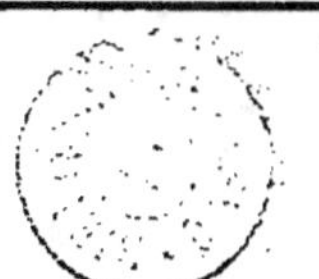

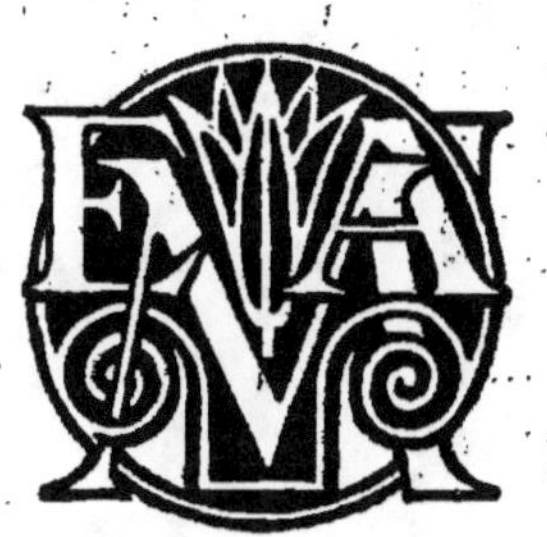